U0878556

古陶瓷保护与修复基础

杨蕴　张力程　张亚旭　著

上海人民美術出版社

总　序

文物是历史的见证，保护文物就是保护历史；文物是文化的载体，保护文物就是传承中华文明。党的十八大以来，习近平总书记站在中华民族永续发展和中华文明永续传承的战略高度，就文物工作发表了一系列重要讲话，作出了一系列重要指示，精辟阐述了文物工作的发展方向，为新时代文物工作指明了前进方向，提供了根本遵循。

文物是不可再生的资源，保护与修复文物就是保护和恢复中华文明资源的完整性。上海视觉艺术学院充分认识到保护与修复文物的历史意义和现实意义，在老校长龚学平同志悉心关切和指导下，2008 年创设了文物保护与修复专业方向，2016 年 9 月申请目录外试点专业，并获得教育部审核批准，成为国内首创的本科新兴学科。2017 年 3 月在国家文物局和上海市文物局的关心指导下，上海视觉艺术学院正式成立我国第一家文物保护与修复学院。2017 年 4 月，上海市教委批准文物保护与修复专业为中本贯通试点专业。2017 年 9 月，上海市教委批准该专业为应用型本科试点建设专业，并作为重点建设学科。2019 年年底，该专业又被上海市教委遴选为市级一流本科重点建设专业，同年上海视觉艺术学院与北京大学、复旦大学、敦煌研究院等八家单位一起被国家文物局列入第二批文博人才培训基地。

学院以传统修复技艺和当代科学技术相结合的学科教学和研究为基础，既注重基础理论学习，又注重传统技艺的传承，以具有全面的学科知识结构，了解文物修复的全貌，掌握一项或多项修复技能专长为培养目标，使每位求学者成为具有文物保护使命感以及扎实专业知识和技能的新时代文物修复工作者。

学院目前下设陶瓷和青铜器保护与修复、古书画和古籍保护与修复、油画和木器保护与修复等三个主要专业方向，并通过与国内外文物保护与修复机构的交流与合作，引入了本专业所需的自然与社会学科的相关资源，建立包含修复理论基础、修复材料科学和修复工艺等三大模块的教学内容和基本框架。这在国内文物保护与修复专业的教学领域具有开创意义，同时又将历史、艺术、考古、科技等方面课程安排其中，从而建立起一个多学科结合的新型文物保护与修复教学计划和课程体系。

有鉴于此，编写一套“文物保护与修复专业系列教材”是学院近些年主抓的重点工作。经过三年的筹备和努力，在上海博物馆的鼎力支持下，《古陶瓷保护与修复基础》《古书画保护与修复基础》《青铜器修复与复制基础》以及《文物保护修复档案》付梓在即。这是由上海博物馆专家领衔，学院青年教师参与合作的成果，难能可贵也。今年乃至此后数年，我们还将继续努力完成其他教学内容的教材编写工作，使之成为一套相对完整、具有权威性的文物保护与修复系列教材。

文物保护与修复教学事业任重道远，我们当倍加努力。

“文物保护与修复专业系列教材”总主编

2024 年 3 月

编写说明

中国陶瓷发展史是世界文明发展历程的一个重要组成部分。陶器在中国新石器时代就已出现，中国的瓷器更是丝绸之路上重要的出口商品之一，它促进了丝绸之路的发展，成为连接东西方贸易和文化交流的重要载体，千年的古陶瓷已然成为中华文明传承的纽带，更是向世界展示中国特色、中国风格的一张名片，弘扬陶瓷文化是一种文化自信的体现。要加强对文物和文化遗产的保护利用，引导人们树立正确的国家观、民族观、历史观，此实乃国之大策。

中国古陶瓷品种繁多，窑址更是分布广泛，然陶瓷的易碎、不耐碰撞，使破损的陶瓷器数量众多，因此，古陶瓷的保护与修复成为迫在眉睫的工作。为了传播保护与修复陶瓷文物的理念、继承古陶瓷修复技艺，我们编写了这本《古陶瓷保护与修复基础》教材。它分为两大部分。第一部分为前四章，主要包括古陶瓷保护与修复概述、古陶瓷修复准备工作、古陶瓷现状调查与档案记录以及通过清洗、脱盐、拆分、加固、粘接、补全、着色、养护等古陶瓷修复操作步骤，教授修复技艺的内容。第二部分是教材的第五章，通过古陶瓷的多个修复案例，展示多碎片古陶瓷拼接技巧、翻模补缺、3D 打印技术应用、可识别修复、单色釉修复、开片釉修复、不同图案缺失和器型配件缺失的修复重点、难点和技艺。通过各个步骤修复陶瓷文物的多种病害，陶瓷文物能以相对稳定的状态满足其长期保存和展览陈列需求。

“古陶瓷保护与修复”是上海视觉艺术学院文物保护与修复学院的特色专业，自 2008 年起就设立了专业方向，2017 年上海视觉艺术学院文物保护与修复学院正式挂牌成立，“古陶瓷保护与修复”作为主干课程设立，由“古陶瓷修复技艺”国家级非物质文化遗产代表性传承人蒋道银授课，教学基础扎实。十几年的教学经验积累使此课程的教学内容较为丰富，形式多样，理论与实践相结合，现代科技与传统技艺相结合。尤其在陶瓷修复的实际操作上，课程由简入繁，循序渐进，在打实修复基础的前提下，开创了校馆合作先例，学校先后与全国多家博物馆合作修复馆藏陶瓷文物。在老师的指导下，学生的修复技艺稳步提高，修复效果良好，得到一致好评。本专业的毕业生已在国内多家博物馆入职，在文博行业内学以致用，发挥特长，为文物的保护与修复增添了新动力。

本教材的第一、五章由杨蕴、张亚旭编写，第二、三、四章由张力程、杨蕴编写。案例部分来自上海博物馆藏品。本教材适用于四年制大学本科的教学，亦适用于相关专业的培训。

目录

第一章
古陶瓷保护与修复概述

本章主要讲述了古陶瓷分类与发展、古陶瓷修复的定义与类型、古陶瓷修复的发展史与修复技艺的传承、古陶瓷修复原则与古陶瓷修复师的基本要求。

第一节　古陶瓷分类与发展

一、陶器和瓷器的区别与联系

所谓陶瓷，“陶”和“瓷”有着本质的区别。陶器和瓷器虽都是经过窑火烧制而成，但在胎、釉、烧制温度、密度、质感、外观等几个方面都存在差异。

（一）陶器的胎体原料一般为普通黏土，其中硬陶、白陶等少数品种也会使用瓷石或高岭土，陶器的胎体气孔较大。瓷器的胎体原料是瓷石或高岭土，钾、钠等金属含量较高，质地比陶器致密细腻。

（二）陶器的表面通常不施釉或者施低温铅釉；而瓷器的表面通常使用高温釉，烧成后有玻璃质感，与陶器的外观和质感有较大差别。

（三）由于所用原材料不同，它们烧制温度有较大差别：陶器的烧制温度较低，通常在 700℃—1000℃；瓷器的烧制温度通常要高于 1200℃，因各地瓷土的化学成分不同，瓷胎的烧制温度也有相应变化。

（四）陶器的胎质较为疏松，敲击声音较粗哑，并且吸水率很高，在 8% 以上；瓷器的胎质较为致密，敲击声音较清脆，与陶器的敲击声有明显不同，并且吸水率很低，在 0—0.5%。

（五）从外观上来看，陶器通常粗糙无光，并且不透明；瓷器通常会呈现半透明，在有强光源的地方尤为明显。通过观察陶器和瓷器的横截断面，人们也能得出这种结论。

（六）从颜色来看，陶器的胎体往往呈现黑色、白色、灰色、灰黄色、红色、红褐色等类似的色调；而瓷器的胎体多呈现为白色、香灰色、米色、黑色等色调。

（七）从年代来看，陶器多见于新石器时代至唐代，不过陶器的烧制一直延续到现当代。而瓷器多见于唐代以后，但目前发现的最早原始瓷器是商周时期烧制的。制陶技术的提高，以及外界条件的加持，使瓷器的烧制方法最终被发明出来，陶、瓷之间存在一个时间上过渡的过程。

以上是陶器与瓷器之间的区别与联系。两者既有着本质的不同，也有着同根同源的必然联系。但也有学者认为两者之间并无直接联系，是各自发展的。在本专业的领域，陶器和瓷器的保护与修复方法也有较为明显的区别，在后面的课程学习中，大家要详细了解并掌握。

二、陶瓷器的发展

（一）陶器的发展

我国的陶器历史悠久并传承至今天。目前发现的最早的陶器制作于15000年前，在江西万年仙人洞以及附近的吊桶环遗址出土。按照时间线来分类，新石器时代早期出现的陶器胎质疏松，多为夹砂陶，胎体厚薄不均，烧制温度较低；到新石器时代中期，陶器胎质较好，出现了少量的彩陶和纹饰；发展到新石器时代晚期，陶器胎质越来越精细，胎体变薄，胎色丰富，装饰多样，彩陶发达；新石器时代末期龙山时期，蛋壳陶出现，其器型规整，胎体超薄，通体漆黑光亮，工艺达到一个极高的水准。

到夏商周时期，陶器出现了更多的品种，比如有夏商周灰陶、东周彩绘陶、夏商白陶、夏商周印纹硬陶。按胎质分有夹砂陶和泥质陶；按胎体颜色分有白陶、黑陶、灰陶、灰褐陶、橙色陶、红陶等。其装饰纹样繁复，有龙纹、饕餮纹、兽面纹、云雷纹、三角纹、乳钉纹、回纹、绳纹等。其用途多样，除了常见的实用器皿，还出现了建筑用陶、生产工具和明器。

秦汉时期的制陶工艺进一步提高，陶俑的出现代表了这一时代的较高水平，最具代表性的便是“世界第八大奇迹”秦始皇陵兵马俑，有动物俑、人物俑，还有一些生活用具、明器等品种的烧制。

魏晋南北朝时期，陶器的釉色变得丰富起来，是唐三彩发展的基础。陶俑造型丰富、神态生动，并被施以彩绘，以动物俑和人物俑最为常见。低温铅釉陶工艺也继续发展，烧制温度在700℃—900℃，烧成后一般为砖红色，表面有光亮的釉面。

到隋唐时期，陶器的种类主要为三彩釉陶、彩绘陶、灰陶。唐三彩是这一时期的重要品种，也最具代表性。三彩器是一种低温铅釉陶，胎体通常为白色黏土（高岭土），釉料以铅作助熔剂，以铜、铁、钴、锰等作呈色剂，经过两次入窑烧制而成：首先在1100℃的温度下烧成素胎，进行施釉后再经过900℃的温度二次烧成，釉面呈现深绿、浅绿、蓝、白、黄、褐等多种颜色。它以黄、绿、白为主色调，故被称为“唐三彩”。唐三彩主要有生活日常用具和明器，窑址主要为河南巩义窑，其产品远销海外。

明代山西地区生产一种低温釉陶珐华彩，又称“法华”“法花”。釉料以牙硝作为助熔剂，彩釉以各种金属矿物作呈色剂，烧成后纹样的边缘凸起，很有立体感。文献记载，珐华起源于元代的北方地区，到明代中期开始兴盛，与此同时紫砂器出现，紫砂器是以江苏宜兴产的含铁量较高的特殊陶土紫砂泥作为原材料的无釉细陶器，烧制温度在1100℃—1200℃，其吸水率和气孔率介于陶器和瓷器之间，主要用于冲泡散茶。清代的紫砂器发展迅速，出现了很多名家，如陈鸣远、王南林、杨友兰、邵玉亭、杨彭年、杨凤年、陈鸿寿、邵大亨等等，紫砂壶底、壶把下方等处常见落款有“曼生”“大彬”“阿曼陀室”“彭年”等。紫砂器代表了明清时期制陶业的极高的工艺水平。

（二）瓷器的发展

瓷器的发明是物质文明的一大进步。它是在陶器的基础上演变而来，与陶器有类似的制造工艺，经过瓷泥的开采加工、配料、成型、装饰施釉、干燥、入窑等流程制作而成。其烧制温度在 1300℃以上，胎釉结合紧密，吸水率为 0—0.5%。

目前发现的最早的原始瓷瓷片是在距今约 4200 年的山西夏县东下冯龙山文化遗址中出土的。在商代早期的遗址中，人们也发现了一批原始瓷器，胎质坚硬，胎色灰白。学术界一般把瓷器的出现时间定在距今 3000 多年的商代早期，此时到东汉中期的瓷器都被称为“原始瓷器”。原始瓷器的“釉”是一种石灰釉，由石灰石和瓷石配合在还原焰中烧成，一般呈青色。商周时期的原始瓷器的器物和纹饰多与同时代的陶器或青铜器类似，工艺通常为刻画、压印、堆贴等。

目前发现的原始青瓷中汉代较多，器型有鼎、罐、壶、动物瓷塑等，胎体含铁量较高，胎色呈深灰色或灰褐色，装饰多为刻画、堆贴、弦纹、水波纹、云气纹、飞鸟纹、神兽纹等。

魏晋南北朝时期，政治局势较为混乱，也造成了南方和北方的青瓷发展不平衡，此时期的瓷器质量上也有差异。浙江是南方青瓷的主要产地，主要遗址在上虞、绍兴、宁波、萧山、余杭、德清等，器型有鸡首壶、四系罐、唾壶、虎子、砚台、碗、盘、水注等等。北方青瓷是北齐时期开始发展的，但发现的窑址并不多，而且多为隋代的窑址。北方青瓷在造型、胎釉、纹饰等方面与南方青瓷均有所区别。北方青瓷普遍器型较大，胎体厚重，多为灰白色，釉也较厚，玻璃质感强，流动性较大，多为尊、瓶、罐之类的器物，在造型与纹饰风格上受佛教影响较大，多见莲花瓣纹、忍冬纹。随着北方青瓷的发展和北齐制瓷技术的迅速提高，早期白瓷出现了，白瓷的出现是中国陶瓷发展史上的一个里程碑。

隋唐时期，北方形成了以邢窑为代表的白瓷体系，南方则是以越窑为代表的青瓷体系，也就是我们常说的“南青北白”，唐人陆羽《茶经》中有“邢瓷类银”“越瓷类玉”之评价。同时三彩陶器、釉下彩瓷等独具特色的品类也出现了。隋代的窑址主要有四个体系：一是河南的安阳窑与河北的磁县窑，烧制的器物主要有四系罐、高足盘、平底碗、钵等，胎质厚重，釉色多为青黄釉，有透明玻璃质感；二是湖南的湘阴窑，其四系罐的造型不同于河南、河北的两个窑口，为浅盘口、圆腹；三是安徽的淮南窑，与前面两个窑系的风格大有不同，体现在胎质、釉色、器型各个方面；四是四川的邛崃市一带的窑址，不同于前面几个窑系，器物的胎质较为粗糙，胎体为紫红色，釉薄，胎与釉之间有一层化妆土。唐代主要的青瓷窑系有越州窑、鼎州窑、婺州窑、岳州窑、寿州窑、洪州窑等六大窑系。白瓷中邢窑在隋代就已经达到较高的水平，窑口主要在河内内丘县与临城县。邢窑白瓷到唐代得到了高度的发展，北方白瓷除了邢窑和定窑外，还有河南的巩县窑、密县窑，山西的平定窑与浑源窑等。湖南的长沙窑发展了釉下彩，河南鲁山段店窑有鲁山花瓷，河南巩义市的唐三彩也是唐代的一大突出成就。

宋代是瓷器大发展时期，出现了官窑和民窑。北宋官窑有汝窑、钧窑，窑口建立在河南，南宋有修内司官窑与郊坛官窑，窑口建立在临安（今杭州）附近。我们通常说的五大名窑为：汝窑、官窑、哥窑、钧窑、定窑。民窑则形成了八大窑系：北方定窑系、耀州窑系、磁州窑系与钧窑系，南方越窑系、龙泉窑系、景德镇青白瓷窑系与福建建窑系。

元代的瓷器在陶瓷发展史上有着重要的地位。此时北方陶瓷生产逐渐衰落，南方窑口得到长足发展。由于对外贸易的刺激，江西景德镇、浙江龙泉的窑口发展迅猛，青花瓷、枢府瓷、龙泉青瓷、釉里红等品种各领风骚。青花与釉里红瓷器是元代景德镇创烧的两个品种，都属于釉下彩。

明清时期制瓷业迅速发展。明初，景德镇建立了御窑厂，大大推动了制瓷工艺的提高，并创烧了许多新品种。明成化、嘉靖年间创烧了斗彩、五彩瓷器，清代康雍乾三朝创烧了珐琅彩、粉彩、墨彩、金彩、釉上蓝彩、郎窑红等单色釉，仿生瓷、窑变釉等品种，我国制瓷业的发展达到了一个高峰。地方名窑有浙江龙泉窑、福建德化窑、江苏宜兴窑等。随着中外关系的发展，我国的瓷器深受世界各国人民的喜爱，大量精美的外销瓷远销海外。

三、现代科学检测技术

传统的古陶瓷鉴定方法是通过上手和用肉眼观察器物的造型、胎釉、款识、工艺、纹饰等特征，来辨别其真伪、窑口、年代、价值等，是主观意识较强的感性判断方法。国内从事文物收藏、研究和鉴定的优秀专家很多，鉴定眼力较强，但专家们的鉴定特长不一、能力参差不齐，有的专家对北方窑口的陶瓷文物较为熟悉，有的专家对南方窑口较为熟悉，因此个体具有很多局限性，并且会因为人为或环境因素影响鉴定结果。中国窑口众多，陶瓷文物历史久远，做到准确的判断难度较大。随着赝品仿制水平的提高，所谓的“眼学”鉴定存在一定风险，因此，现代科学检测技术的运用成为鉴定的重要一环。将传统的眼力鉴定和现代科学检测技术相结合，综合运用、取长补短，是目前较为科学的鉴定模式。

我国目前应用于陶瓷文物的现代科学检测技术通常有：热释光测定年代法、X 射线荧光分析法（XRF）、拉曼光谱分析、红外光谱分析、X 射线吸收精细结构分析、X 射线电子能谱分析、电子自旋共振技术等科学技术手段。

思考题

1. 设计相关实验验证陶器与瓷器的区别。

2. 结合所学知识与文献阅读，简述一种窑口或年代的陶瓷器发展背景。

第二节　古陶瓷修复的定义与类型

一、古陶瓷修复的定义

古陶瓷保护与修复基础是一门综合性较强的学科，作为本校的专业主干课程，教学内容包含了陶瓷、历史、美术、化学等多种学科基础，培养目标为知识全面并且实践能力强的应用型综合性专业人才，致力于构建多类型、多层次的人才培养课程体系，本课程在构架中注重多学科交叉研究。

古陶瓷修复是运用多种技术，在分析现状和评估价值的基础上，为消除或减缓陶瓷器文物病害所实施的技术措施，步骤包括清洗、脱盐、拆分、加固、粘接、补全、着色以及养护（具体详见本书第四章）。

古陶瓷修复的具体步骤释义如下。

清洗：除去陶瓷器文物表面、缝隙、断面上的风化物、沉积污染物、微生物、附着物等的技术措施。涉及工具及设备有：棉签、毛笔、竹刀、牛角刀、手术刀、洗耳球、超声波清洗仪、热蒸汽清洗仪等。

脱盐：清除陶瓷器文物表面及其胎体空隙内富集的可溶盐的技术措施，包含浸泡、贴敷等方法，会用到浸泡水池、贴敷用纸等。

拆分：去除陶瓷器上的旧修痕迹，恢复至破碎状态的技术措施。涉及工具设备有：热风枪、丙酮、棉球、手术刀等。

加固：通过引入加固材料，提高陶器的胎体或断面及陶质彩绘文物的彩绘层等的稳定性的技术，会用到滴管、针筒、Paraloid B-72、环氧树脂等。

粘接：采用胶黏剂对陶瓷器文物断裂部位进行连接的技术措施。粘接前需要预拼对，会用到慢干的环氧树脂黏结剂、临时固定的低黏度胶带纸、热熔胶等。

补全：对残缺陶瓷器复原的技术措施，会用到石膏、树脂、腻子、医用打磨机、锉刀、砂纸等。

着色：对陶瓷器文物补配部位进行着色和纹饰绘制。会用到毛笔、喷笔、气泵、矿物质色粉、硝基漆、丙烯颜料等着色剂。涉及工具设备有电吹风、烘箱等。

养护：古陶瓷修复后的镶匣保护，要求恒温恒湿的保存环境。

二、古陶瓷修复的主要类型

古陶瓷的修复类型目前未有国家统一标准，但大致的分类比较明确，包含内容类似。常见的分类为考古修复、美术修复、陈列修复，部分地区会按照功能目标分为功能性修复、艺术性修复，或按照技法分为嫁接法、锔瓷法、金缮法。本书根据文博体系内常见的古陶瓷修复类型进行授课教学，内容主要分为三种类型：考古修复、可识别修复和美术陈列修复。它们属于文物保护与修复理念控制的范畴，遵循文物修复原则，以保护为首要基础。

（一）考古修复

一般以石膏补缺，恢复器物原貌。鉴于石膏补缺快速、易操作、可再处理性等优点，此方法普遍被运用于考古工地现场。要点是严格选择优质石膏粉及正确的操作步骤，保证外观上石膏的颜色一致美观，如图（图 1–1、图 1–2）两件景德镇御窑博物馆馆藏的器物。

图 1–1　明成化青花狮纹莲子碗，景德镇御窑博物馆藏

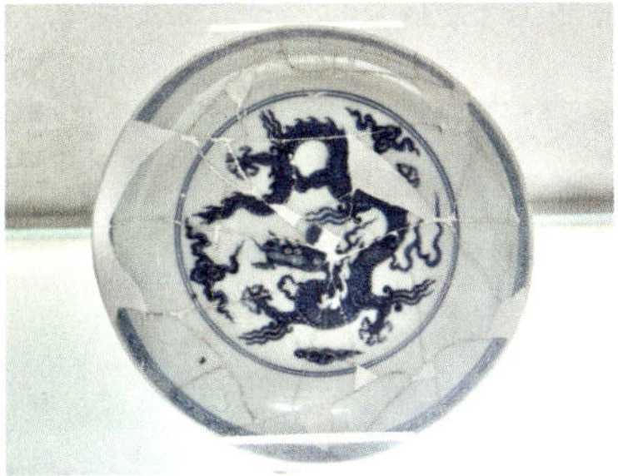

图 1–2　明弘治青花龙纹盘，景德镇御窑博物馆藏

（二）可识别修复

一般以接近色补缺，有时缺失部分饰以点画法。修复区域的色泽最大程度地接近原器物，缺失处边界分明，近看可明显区分原器物与修复部分，一定距离下观赏，则修复痕迹不明显，补缺处与器物整体协调统一。如图（图 1–3、图 1–4）两件典型的可识别修复器物。

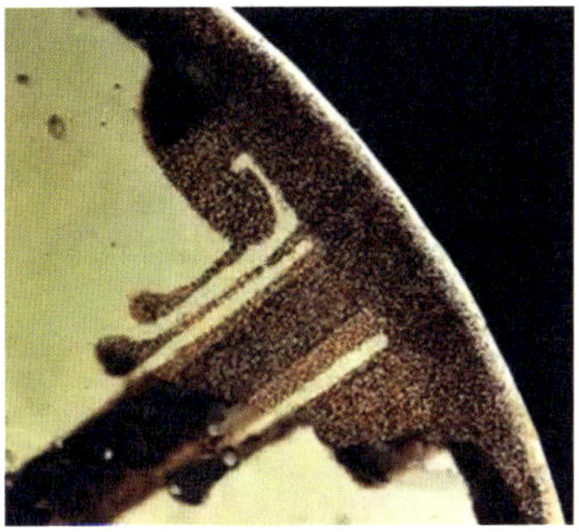

图 1–3　伊朗彩陶碗，日内瓦 Ariana 博物馆藏

（三）美术陈列修复

以最接近色补缺修复区域并覆盖衔接处，要求衔接处过渡自然，最大程度恢复器物原貌、色泽及质感，对修复师技艺要求较高。如图（图 1–5）这件瓷器便是典型的美术陈列修复。

以上为古陶瓷修复的类型，学生在课程学习中需要根据器物本身的特征来选择合适的修复类型并制定修复计划。

图 1-4　陶盖，金山博物馆藏

图 1-5　东汉原始瓷双系盘口壶修复前后，金华市博物馆藏

思考题

1. 通过博物馆参观或数字博物馆浏览等方式，整理收集属于考古修复、可识别修复、美术陈列修复的陶瓷器修复展品，并形成参观体验报告。

第三节　古陶瓷修复的发展史与修复技艺的传承

一、中国古代陶瓷修复发展史

陶瓷器的烧造有着长远的历史。陶瓷土经高温烧结后材质硬脆，所以极易破碎。导致其破损的因素很多，在使用过程中陶瓷器稍不留神就容易造成损坏，在地下埋葬时很容易被压碎，甚至考古挖掘过程中稍有不慎也会导致损毁，这一易碎特性奠定了古陶瓷修复技术久远的历史沿革。

早在新石器时代，对陶器进行修复的案例就已出现。人们在出土的新石器时代文物中发现了钻孔补陶的实物，这是最原始的一种陶瓷修复方式，以恢复器物的使用功能、延长其使用寿命为目的。比如这件新石器时代广富林遗址出土的陶器盖有穿孔连缀修复痕迹，有机连接物已消失（图 1-6）。另一件战国灰陶豆也有相似的打孔痕迹（图 1-7）。此种穿孔的修复方式是在金属锔钉出现之前，使用植物纤维、树皮或皮革进行穿孔紧束，以保证器物的器型完整，达到使用目的。

晋代以前，随着金刚石传入中国，锔瓷技艺得到了发展，天然的金刚石被民间的锔瓷手艺人采用。明清时期，锔瓷技术越发成熟。锔瓷行业有一句俗语“没有金刚钻，别揽瓷器活”也表达出金刚钻对于锔瓷行业的重要性和不可替代性。锔瓷技艺不论是在宫廷还是在民间都被广泛应用，著名的蚂蝗绊青瓷茶碗就是一件典型的锔瓷修复瓷器，其下腹部有一周裂纹，施加有六个铁锔钉（图 1–8）。18 世纪，伊藤东涯形容其“以铁钉六铃束之，绊如蚂蝗”，并写下《蚂蝗绊茶瓯记》。其釉色翠青，属于梅子青釉，是南宋时期龙泉窑烧造的青瓷，是日本重要文化财产之一。

图 1–6　广富林遗址出土陶器盖，上海博物馆藏

明清时期的工匠（图 1–9）开始采用在外部钻盲孔并用金属锔钉连接的方式进行陶瓷器的修复，如以下清代的青花瓷器，由铁钉修复过（图 1–10）。意大利传教士利玛窦（1522—1610）在《中国札记》中写道：“瓷器可以耐受热食的热度而不破裂，尤其令人惊异的是，如果破了，再利用铜丝焊起来，就是盛汤也不会漏。”文中对锔瓷技艺大为赞赏和肯定。锔瓷用的钻孔工具有弓钻、舞钻、皮钻、砣钻等，锔瓷匠人从简单的修补破损恢复使用功能延伸出去，慢慢开始试着将钉子做成各式各样的图案和形状，如梅花、竹叶、祥云等等，观赏性更强。

图 1–7　战国灰陶豆

除了锔瓷修补陶瓷器以外，还有很多粘接陶瓷的方法。南宋有记载使用沥青来粘接修补陶瓷器。沥青黏度较高，是很好的胶黏材料，在现代建筑工程中用来防水

图 1–8　蚂蝗绊青釉茶碗，东京国立博物馆藏

等。在宋代，人们除了采用沥青来粘接陶瓷器之外，还会使用油灰来修补陶瓷，此法在当时也较为普遍。到明代以后，黏结剂越发丰富多样，隆庆五年（1571）《墨娥小录》的“黏磁器”条中提到“糯米粥和鸡子清研极胶黏，入粉些少，再研，用妙甚”。同书“黏碗盏”条中也记载“未蒸熟面筋入筛净石灰些少，杵百数下，忽然化开如水，以之粘定，缚牢阴干，永不脱开”的方法。由以上记载可见，糯米和蛋白掺入石灰粉之后可作为黏结剂，用熟面筋和石灰也可做成黏结剂。另有记载蜡补方式来修补陶瓷器，将蜡的颜色调配成器物颜色，此法一般用于观赏性器物。另也有“复烧”的修补方法，指用同类器物的相应部位来补缺，重新上釉后再入窑烧制，与日本的“呼继”类似。

图 1-9　明人锔缸图页，故宫博物院藏，李博提供

图 1-10　清代早期的花篮纹盘（正面、底面）

清代宫廷的陶瓷修补术颇为多样，从《内务府造办处各作成做活计清档》中的记载可见雍正朝（1723—1735）和乾隆朝（1736—1795）时期的清宫陶瓷器修补术的具体方法。尤其是乾隆时期的记载较为详细，并且乾隆帝对器物的修补方式、修补要求、人员指定等会做出很具体的批示，也将自己的审美好恶和赏玩理念在此体现。其修补方法分为三种类型，分别为“修补”（指以恢复使用功能为目的）、“修复”（指以复原观赏价值为目的）、“修整”（指添加或改变器物的外观和功能为目的）。当时宫廷陶瓷器的修补地点主要有清内务府下属的造办处、景德镇御窑厂和苏州织造局。

据《内务府造办处各作成做活计清档》中记载，宫廷陶瓷修补工艺有很多种，例如以下几种：胶黏、蜡补、金补、锔补、随色、清洁、打磨、镶扣、复烧、做旧以及其他的处理办法。这些为乾隆时期宫廷瓷器的修补方式，有些方法一直沿用至今。民国时期也有使用沥青、树胶等粘接陶瓷器的案例，金缮、锔瓷等方法现在也较为常见。现代的有些方法已使用化学材料，如修复通常使用的黏结剂是环氧树脂，修复理念发生了较大的变化，形成了近代中国陶瓷修复技术“以文物本身的价值为第一要务”的理念。

二、古陶瓷修复技艺的非遗传承——以上海博物馆为例

古陶瓷修复行业，由传统手工行业的角色，渐渐变成文物保护中的一个专门的分支，陶瓷文物的修复变得更为规范。不断迭代更新的修复技术也促进了修复思想和理念的发展。古陶瓷修复技艺也由以前的“师徒制”慢慢走入高校，后者开设了文物保护与修复专业，由一门技艺发展成一门学科，理念先进的专业修复论文和著作也陆续问世，在全国的各大高校和文博系统，一批新生代的文物修复师逐渐成长了起来，他们更为注重文物修复实践与理论的结合，有望在文物修复领域创造新的突破，将非遗技艺传承并发扬光大。

上海博物馆的古陶瓷修复技艺非遗传承可追溯到 1958 年。当时馆中有大量的陶瓷文物等待修复，故上海博物馆成立了上海最早的文物修复工场，也就是如今上海博物馆文物修复研究室的前身。修复工场成立后，招录了一批来自民间的文物修复师，其中包括为古董商修复古陶瓷的饶鸿发先生，这些文物修复师在上海博物馆，通过师徒相传的方式将技术不断发扬光大。2011 年，上海博物馆的古陶瓷修复技艺被列入上海市非物质文化遗产项目。2015 年，文物修复研究室与 1960 年成立的文物保护实验室合并到上海博物馆文物保护科技中心，同年，第三代古陶瓷修复技艺传承人蒋道银先生被评为国家级非物质文化遗产代表性传承人。2021 年，上海博物馆的古陶瓷修复技艺被评为国家级非物质文化遗产代表性项目。

在古陶瓷修复师饶鸿发加入上海博物馆文物修复工场后，胡渐宜、蒋道银、杨蕴、张力程等上海博物馆修复人将这份特殊的修复技艺一代代传承下来。第二代传承人胡渐宜先生擅长全色技法，根据自身经验开创了喷绘修复。第三代传承人蒋道银先生又开创了“瓷配瓷”的修复技法，并撰写了《古陶瓷修复技艺》一书，在业内被广泛推崇。第四代传承人杨蕴先生在他们的基础之上积极开拓，发现并使用了新材料新技术，与时俱进地发展和传承古陶瓷修复技艺，并吸收了国外的修复技术。第五代传承人张力程作为新一代的年轻力量，在传统技艺上有更多的创新。上海博物馆的古陶瓷修复技艺始终体现着江南文化追求细致与创新和传承的精神，通过一代代人的努力，以培训和师徒制的形式为全国各地包括港澳地区博物馆培养了许多修复人才，他们现在活跃在全国各博物馆，成为文博系统文物修复的主力军。

思考题

1. 通过扩展阅读和文献资料收集，学习模拟锔瓷或金缮修复，并完成修复报告。

第四节　古陶瓷修复原则

古陶瓷修复要严格遵守以下原则。

1. 最小干预原则

在修复过程中，应尽最大努力做到对器物最小干预，对器物自带的历史文化信息予以最大限度的保留，不可改变器物原状，不可随意遮盖器物本身的面貌，以展现器物的原貌为第一要务。

2. 可逆性原则

在修复过程中所使用的材料均可去除，并不损坏文物本身，可使文物恢复到原始状态，新的修复材料在使用之前应进行试验，确保对器物无损害且易于拆除后，方可使用。

3. 原真性原则

在修复过程中始终保证器物的原真性，忠于器物的原貌，不允许主观臆造、随意改变器物的特征，做到宁缺毋滥，修复的每个步骤要有确凿的参照对象。

4. 兼容性原则

在修复过程中，使用的材料与文物应有兼容性，并且保证使用在同一器物上的不同材料之间亦有兼容性，以免改变和破坏器物本身面貌，并且所使用材料既要能改变器物目前的状态，又要对未来有积极的影响。

5. 可识别性原则

在修复的上色过程中，应注意修复材料颜色与器物自身颜色应有一定的对比度，使人在近距离观看时能分辨修复部分和原器物部分，远距离观看则色调一致、视觉统一。

6. 无隐患原则

在保护和修复过程中不可留有安全隐患，不可使器物经过一段时间后发生不好或不可预测的变化，要增强器物对外界环境有害因素的抵抗性，以及不可对今后的进一步研究有影响。

根据以上原则，应在全面观察分析的基础上，保护陶瓷文物原有的艺术风格、历史特征和科学研究价值，减少人为干预，运用现代的科学检测分析技术，制定有效的保护和修复方案，并对陶瓷文物进行实践操作。

思考题

1. 选择一个往届毕业生的修复案例，对照以上修复原则对案例进行点评，并提出改进意见。

第五节　古陶瓷修复师的基本要求

对一名古陶瓷修复师来说，传承和弘扬优秀的传统非遗技艺不仅需要熟练掌握修复技能，还需要具备很多综合能力，主要有以下几个方面。

一、安全意识

在修复过程中，保证安全是最基本也是最重要的一个要求。

（一）陶瓷文物的安全

在修复过程中，每一个修复步骤都需要将器物拿来拿去，这其实有很大的风险，稍不注意就有可能摔破器物。所以在平时进行修复工作时，要格外注意器物的安全，不要将器物置于不稳定的状态，在转移器物过程中要谨慎对待，避免悲剧发生。

（二）修复师自身安全

部分常用的修复工具是有安全隐患的，比如锋利的手术刀、飞速旋转的打磨机、高温的热风枪等，修复师在使用这些工具时要多加注意，以免弄伤自己。另外修复要用的部分化学材料含有少量对人体有害的物质，修复师要特别注意自身防护。另外新破损的瓷片较为锋利，也难免会造成割伤，一定要有强烈的保护自身安全的意识。

（三）陶瓷修复工作室安全

工作室有一定量的易燃易爆化学试剂，要注意防火。另外防盗也是很重要的，在工作室一定要保管好器物，进入和离开要打卡记录，并配备摄像头和保险柜，非工作人员进入工作室，要特别注意不要乱动正在修复的陶瓷文物。

二、个人能力

修复师的个人能力主要体现在技能、工具和材料、写作能力、鉴赏能力、审美水平等方面。

（一）修复方法和技巧的掌握能力

古陶瓷修复的方法和技巧有很多种，要根据器物的类别不同而选择不同的修复方法，并通过大量的实战训练来提升自己，并且要具备美术功底，培养手工制作能力、对陶瓷文物的鉴赏能力、修复效果的审美能力等。

（二）修复工具和材料的使用能力

对修复工具和材料的选用是必不可少的一项技能和意识，要勇于探索新型材料和工具，适应新技术，与时俱进。

（三）写作能力

写作能力的培养很重要，修复过程的记录是修复工作最基本的要求。修复师如果将自己的修复成果编写成论文或著作，对修复技艺的传承更有益处。

（四）沟通能力

沟通能力很关键，修复师在拿到陶瓷文物前后都需要与委托方进行有效的沟通和交接，并且需要与同行或跨行的专家老师进行学习沟通，才能不断进步。

三、综合素质

对古陶瓷修复师这一职业的选择应该是认真且慎重的，要成为行业里优秀的修复师，在个人的身体、心理、性格等方面是有一定要求的。

（一）身体素质

在身体素质方面，过敏体质、色盲、色弱不太适宜从事修复工作。部分修复材料含有有毒气体，过敏体质可能会有健康隐患。在着色步骤中，修复师需要对颜色敏感才能调制出合适的颜色完成修复工作，所以色盲和色弱会有很大的困难。

（二）耐心

修复师需要很有耐心。每一步修复步骤，都需要修复师以极大的耐心进行一次次的试验，直到达到理想状态。所以也需要良好的心理素质，能承受挫折和失败、压力。将器物修复到达到高标准高要求，很有可能要反复返工，也有可能功亏一篑，还有可能陷入死循环，修复环节一环扣一环，一步错，步步错，需要强大的心理支撑，才可能完成修复工作。

（三）思维能力

在对陶瓷文物进行修复之前，必须有一个详尽的预估修复方案。修复师需要有较强的逻辑思维能力，对于修复方法、材料、工具等的选择都要科学合理，以保证修复工作的顺利完成。

（四）学习能力

要有自主学习修复方法的能力和理论学习能力、独立思考能力。善于观察研究、查阅文献资料，丰富专业知识，提升自己的文化素养，要养成博览群书、参观博物馆、开拓创新的良好习惯。

（五）坚定信念

古陶瓷修复是一项任重道远的学习和工作过程，需要长时间的实践积累，不能半途而废、急于求成。在学习过程中要积极主动地请教老师，坚持学习的信念，才可能成为一名优秀的古陶瓷修复师。

思考题

1. 结合自身情况和学习认知，思考未来学习古陶瓷修复技艺时需要时刻警醒的几个方面，并简单罗列。

拓展阅读

[1]《乾隆时期宫廷瓷器修补》，纪东歌，南方文物，2014

[2]《陶瓷修补术的文化史》，谢明良，上海书画出版社，2019

[3]《古陶瓷修复技艺实录》，李奇，武汉理工大学出版社，2017

[4]《古陶瓷修复基础》，俞蕙、杨植震，复旦大学出版社，2016

第二章

古陶瓷修复准备工作

古陶瓷的修复准备工作包含修复研究室在建立时的环境布局要求、功能区分、通风除尘条件，以及对修复设备、工具、材料的各项准备等。

第一节　古陶瓷保护与修复研究室的建立

古陶瓷文物保护与修复研究室作为陶瓷类文物保护、修复、研究的特定工作场所，主要承担古陶瓷保护与修复操作、古陶瓷保护技术研究、古陶瓷保护与修复方案制定等多项重要任务。本节将从环境要求、布局要求和管理制度三个方面具体阐述古陶瓷文物保护与修复研究室的建立环境、设备工具和材料等具体配置要求。

一、修复研究室环境要求

古陶瓷文物保护与修复研究室作为陶瓷类文物研究的特定场所，其环境要求同时兼顾文物保存环境要求、文物修复操作环境要求和实验安全与消防要求。因此在环境建设时，温湿度、光照、振动、空气质量等因素需要特别关注。

（一）温湿度

空气的温度是表示空气冷热程度的物理量。温度的变化会影响化学反应的速率。根据范特荷夫规则，温度每升高 10℃，化学反应速率便会增加到原来的 2—4 倍。而化学反应是导致文物老化的原因之一，因此降低温度，有利于降低化学反应速率，从而延缓文物老化。

空气的湿度是衡量空气干湿程度的物理量。一般在研究室中测量的湿度为相对湿度（Relative Humidity，简称 R.H），即在一定体积的空气中，绝对湿度与该温度下的饱和含湿量的百分比，公式如下：

$$\underset{\text{相对湿度}}{R.H} = \underset{\text{绝对湿度}}{(A.H/}\underset{\text{饱和含湿量}}{qs)} \times 100\%$$

温度的变化会影响相对湿度的波动。当温度降低较大，R.H ＞ 1 时（即饱和含湿量小于绝对湿度），空气中便会出现冷凝现象，高于饱和含湿量的水蒸气会变成液体，以小水滴或者湿膜的形式出现在物体表面。

陶器类文物由于材质原因，容易发生冷凝现象溶出文物内部的盐分，后者在表面析出，造成酥碱粉化现象，故对于陶器类文物，需要格外关注温湿度变化。在陶瓷类文物修复操作中，研究人员往往会使用环氧树脂作为补缺材料和黏结剂。环氧树脂是一种高分子材料，温度的变化会影响其化学反应速率，从而影响老化程度，因此对于有修复干预的陶瓷类文物，温度的控制需要特别关注，控制波动。

综上所述，为了尽量延长文物的使用寿命，就必须对温湿度加以控制以达到有利于文物保存的目的。由于温度与湿度是相互关联的两个量，在控制湿度时，必须考虑温度因素的影响。文物修复研究的温湿度要求，一方面要参考《馆藏文物保存环境质量要求》，另一方面要保证修复材料的稳定性。在标准大气压下，陶瓷类文物修复室的温度应保持在 15℃—25℃，温度日波动范围≤ 4℃，相对湿度在 50%—65%，相对湿度日波动范围≤ 5%。

（二）光照

光根据波长分为三段，分别是波长在 400nm—760nm 的可见光、小于 400nm 的紫外线和大于 760nm 的红外线，而光照对文物的影响主要是光诱导化学反应和光的热效应。

陶瓷类文物作为所有文物中性质相对稳定的文物之一，对光不敏感。国际博物馆协会的照明建议是应置于不超过 300Lux 的光照环境中。但有修复痕迹的陶瓷类文物是需要关注紫外线和红外线的影响的。关注紫外线是因为修复材料属于高分子材料，存在 C、H、O、N 等元素的化学键，紫外线的照射会产生光诱导化学反应（又称光化学反应），造成颜料褪色、补缺材料发黄等问题。红外线的照射会产生光的热效应，如果文物局部受到长时间红外线照射，容易引起变形、材料脆化的问题。当红外线的照度为 500Lux 时，温度会升高 2℃—3℃，黑色表面（如建盏等深色釉）会升高 3℃—5℃，而温度的升高，会造成化学反应速率的加快，从而引发由温湿度变化导致的问题。在满足文物光照环境要求的基础上，为了提高文物修复的效果，保证文物修复操作环境中光线的均匀与操作者的视觉舒适性，可采用人工光源辅助照明。辅助光源主要考虑两个因素：照度与色温。充足的光照强度有利于修复师开展细致的修复工作，接近自然日光的色温有利于修复师还原器物的色彩。通常辅助光源的照度应控制在 700Lux 以内，色温范围应控制在 5000K—6500K。由于长时间使用辅助照明会对文物本体产生影响，所以辅助光源应只在具体修复操作时开启，同时应尽量选择 LED 灯。

（三）振动

由于材料特性，陶瓷类文物是所有文物类型中韧性较低的一类，无论在日常研究还是保存展览中，防震是极为重要的。因此在建立研究室时，减少震动是古陶瓷文物保护与修复研究室需要特别考虑的。

第一，研究室地面要求平整同高，房间内无台阶，房间与房间之间无门槛，从而减少行动中被绊倒的可能性。第二，操作台附近不摆放会产生振动的仪器设备，如超声波清洗机等。第三，操作台应加装防震装置，操作台底部如存在滑轮，需有固定装置，保证处于静止状态时，操作台是稳定的。

根据《WW/T 0069–2015 馆藏文物防震规范》，陶瓷文物保护与修复研究室应遵从规范内容，建立起相应的防震措施和地震应急处置方案。遵照规范，作为修复研究室的房间应为减、隔震地面。其中减震主要通过消能减震装置和调谐减震装置实现，隔震主要由橡胶隔震、机械式隔震装置等组成。

（四）空气质量

空气中的污染源主要分为五大类，分别是碳氢化合物、一氧化碳、氮氧化物、硫氧化物和颗粒污染物。在这五类中，对陶瓷类文物影响显著的是氮氧化物（NO_x）、硫氧化物（SO_x）和颗粒污染物。

1. 氮氧化物（NO_x）

NO_2 是空气中的主要污染物之一，可以和水作用生成硝酸和亚硝酸，形成酸雨。硝酸是一种具有强氧化性的强酸，具有腐蚀性，对无机质藏品（尤其是含钙物品）例如陶器类文物是有危害性的。

化学方程式如下：

$N_2+O_2 \xlongequal{高温} 2NO$ ⟶ 生成一氧化氮

$NO+O_2 \xlongequal{光照} NO_2$ ⟶ 生成二氧化氮

$3NO_2+H_2O = 2HNO_3+NO$，$NO_2+NO+H_2O = 2HNO_2$ ⟶ 生成硝酸和亚硝酸，形成酸雨

$CaCO_3 + 2HNO_3 = Ca(NO_3)_2+H_2O + CO_2\uparrow$ ⟶ 与钙的化合物反应，破坏原物质

2. 硫氧化物（SO_x）

SO_2 本身是一种弱酸酐，但在烟尘、光的催化下易变成 SO_3，进而和水生成硫酸。SO_2 对碳酸钙材料具有腐蚀作用，硫酸作为一种强酸，本身具有很强的氧化性，也具有腐蚀作用，因此对陶瓷类文物具有危害性。

化学方程式如下：

$2SO_2+O_2 \xlongequal[\triangle]{催化剂} 2SO_3$ ⟶ 生成三氧化硫

$SO_3+H_2O = H_2SO_4$ ⟶ 生成硫酸

$CaCO_3 + H_2SO_4 = CaSO_4 + CO_2\uparrow + H_2O$ ⟶ 与钙盐反应，破坏原物质

$CaCO_3+SO_2 \xrightarrow{高温} CaSO_3+CO_2$ ⟶ 对碳酸钙材料的腐蚀

3. 颗粒污染物

颗粒污染物是指能够分散的固体和液体颗粒物，其化学组成成分根据环境而存在差异，主要有硫酸、硫酸盐、硝酸盐、氯化物、细菌和病毒等，具有强烈的腐蚀性。颗粒污染物除了自身的化学性能外，也是霉菌和污染物的载体，对部分污染物也有着催化作用。因此颗粒污染物对于陶瓷类文物，尤其是陶器类文物是存在危害性的。

4. 有害生物

有害生物主要为微生物和有害昆虫。陶瓷类文物中，因为瓷器类文物表面的釉层起到了保护作用，所以有害生物对其的危害性较低；但陶器类文物由于工艺原因，胎体和彩绘层疏松且脆弱，因此需要严防微生物侵害和霉菌滋生。由于大部分霉菌属于嗜酸性微生物，适宜的 pH 值为 5—6，温度为 20℃—28℃，相对湿度为 65%—70%，因此文物保存环境应尽量避开微生物的适宜数值，以抑制霉菌滋生，减少生物对陶瓷类文物的危害。

二、修复研究室布局要求

（一）空间布局

1. 功能分区

古陶瓷保护与修复研究室是保护和修复陶瓷类文物的特定工作场所，包括办公室、设备室、实验室、修复室、储藏室等工作区域和工作空间。

根据《GB/T 30238-2013 可移动文物保护修复室规范化建设与仪器装备基本要求》等文件的相关规定，文物保护修复工作单位可分为三个级别，其所建立的保护修复室也根据工作单位级别分为三级，由低到高分别为工作站保护修复室、区域中心保护修复室和综合中心保护修复室。而保护修复室具体的用房功能建议是与其主要承担和完成的保护修复任务相关联，其中基础用房功能建议包括办公室、仪器分析室、化学实验室、文物养护室 / 文物保护修复操作室（图 2-1—图 2-4）。

2. 室内布局

修复研究室的室内布局，将着重考虑其安全性、可操作性和功能性。具体布局中，工位安排和仪器摆放需要根据具体功能着重设计。修复操作台作为古陶瓷保护与修复研究的主要的操作区域，一般建议普通单向操作台之间前后距离至少相隔 60cm，左右相隔 60cm，且操作台应使用防酸防碱且阻燃的材料。同时为保证文物安全，避免物品滑落，方便研究人员操作，操作台三面应增加围板，建议尺寸为高 5cm、厚 1.2cm 的橡胶材料。操作台应稳固平坦，桌子不可轻易发生移动，能承受陶瓷器的重量。在保证文物安全的情况下，修复台应内置电源，便于修复设备的操作使用。修复台周围可放置可移动材料工具柜，便于常用修复材料工具的摆放和使用。每个工位上方需配备排风管道、照明系统，并且可以根据研究人员的使用需求

图 2-1　办公室

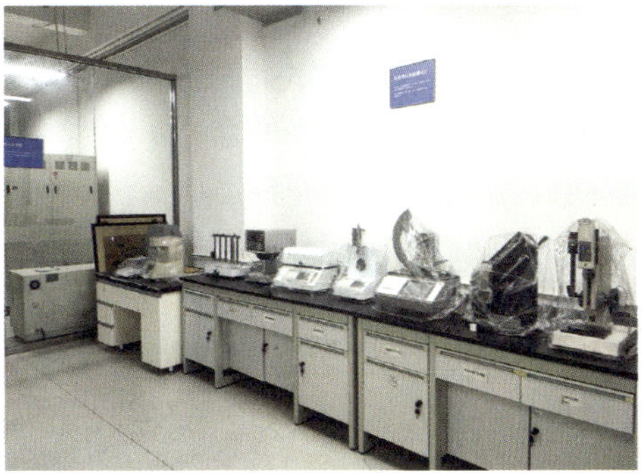

图 2-2　仪器分析室

图 2-3　化学实验室

图 2-4　文物养护室 / 文物保护修复操作室

自由调整，达到在不影响布局整洁且保证整体安全性的情况下，最大程度给予研究人员良好的研究环境保障。

（1）安全性与可操作性

古陶瓷保护与修复研究室在空间布局和仪器摆放的位置设计中，首先要考虑所选取位置在空间和使用上的安全性，仪器周围应随时保持干净整洁，各种线路应整理清晰且摆放隐蔽。其次要考虑可操作性，即仪器本身的使用性能和使用要求，如供电要求、用水要求、环境要求、仪器本身是否有特殊收纳需求等。最后则要考虑仪器所选位置是否与空间中其他动线重合，如安全出口动线、文物运输动线、办公动线等。

（2）功能性

古陶瓷保护与修复研究室应做到干湿分离、功能分开，如清洗、浸泡、拆分、喷绘等特殊功能可以在修复室内的其他区域完成，以免造成空气、湿度与粉尘等互相干扰。修复研究室常规的空间可分为：实操间主要放置修复工作台，收纳常用的修复工具、修复材料、小型修复设备等；清洗间，主要设置水槽、去离子水机、超声波清洗机（图 2–5）、水浴加热器（图 2–6）、蒸汽清洗机等；设备间，主要存放修复中常用的修复设备，包括真空恒温干燥箱（图 2–7）、冰箱、抽真空机、激光清洗机（图 2–8）、便捷式吸尘器等；金工间，主要存放小型钻床、磨床等用于制作陶瓷修复所需要的特殊工具；无尘室，主要用于陶瓷修复中上色环节，要求清洁无尘、恒温、恒湿，有独立的排风吸尘设备、修复工作台等；危化品储存室，主要存放修复化学材料及危化品；文物临时库房，主要存放修复前、修复中、修复后的文物，文物推车，文物囊匣等。

3. 基础设施布局

除以上功能布局外，修复研究室的室内布局主要包括管线路由、通风设施、修复研究室环境等的布局。管线路由的布局包括水、电、排污、排风的定位和走向，应遵循标准、方便、实用、美观、安全的原则，充分利用室内空间和结构进行规划和设计，所有管线与管道应尽可能隐蔽，避免因裸露造成的安全隐患。水路线路、供电线路和通风设施需要根据研究室的具体功能分区，根据仪器特性、用电负荷、上下水布局进行排布。其中排风系统的管道复杂，因管道尺寸大、数量多，所以在设计时既要考虑室内的布局合理，又要关注外墙的美观，同时还要注意风管穿过楼顶后的防水处理，以免给以后的使用带来不便。修复研究室的地面材料应选择平整、防滑、耐磨、耐腐蚀的材料。门窗设计上，门的宽度不能低于 1.5m，窗户需要有良好的自通风效果，并且在空调状态下达到良好的密封效果，门窗一般采用向外开的方式，一方面避免开窗开门的动作碰到修复研究室内的物品，另一方面有利于紧急情况下的人员逃生。

4. 通风要求

由于古陶瓷修复的操作具有特殊性，如操作中常常使用化学材料，上色步骤中会大量使用具有一定毒性的材料，因此通风设施的设计必须考虑研究人员的安全和健康问题。古陶瓷保护与修复研究室一般设有整体通风和局部通风两种通风模式。整体通风是对修复室内整体空气的换新过滤系统。局部通风是指在实际操作中，针

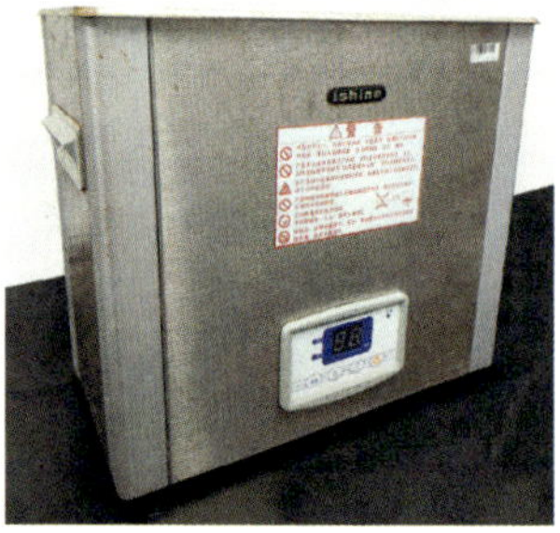

图 2–5　超声波清洗机

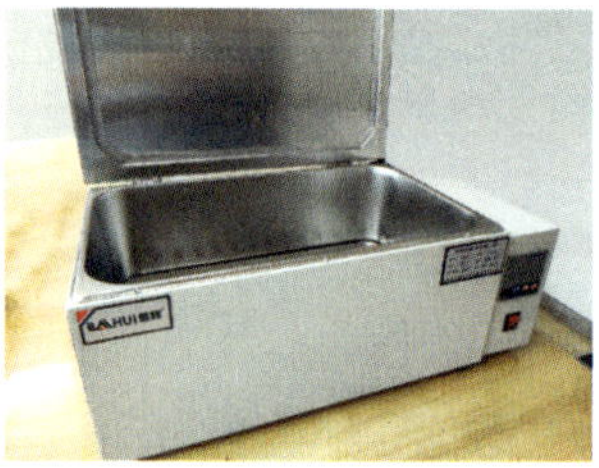
图 2–6　水浴加热器

图 2–7　真空恒温干燥箱

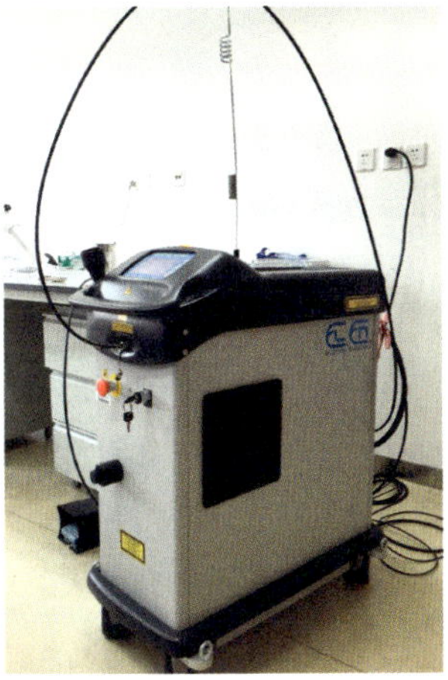

图 2-8　激光清洗机

图 2-9　通风柜

图 2-10　万向排风罩

对有害气体排放点安置通风装置，局部通风一般使用通风柜（图 2-9）和万向排风罩（图 2-10）两种设备。参考《QB/T 5589-2021 实验室家具 通风柜》，古陶瓷保护与修复研究室的通风柜应为一般化学通风柜，结构一般采用台面式。通风柜部件应包括通用部件（包括照明设备、风机开关、电源插座、指示灯、给水排水装备、留有供气管道的孔口）、操作台面（包括挡水板）、底座、操作挡板、显示器、警报功能，理化性能主要包括耐磨、耐划痕、耐龟裂、抗化学试剂、耐腐蚀。除去通风柜外，每个操作工位都应配有一个桌面排风罩，排风罩通过风道与隐藏在操作台底下的风管相连接，所有操作台的风管再与整个实验室的总风管连接，总风管穿过楼顶与楼顶的风机相连接。

万向排风罩可以根据实际需求选择软臂或硬臂。无论何种曲臂都应可以延伸至操作区域，通过对风量和风速的调节，迅速捕集有害气体并通过过滤排出室外，有效防止其在室内的扩散。万向排风罩是修复操作者中最为有效与实用的通风设备，对保护修复师的健康具有至关重要的作用。

5. 除尘要求

古陶瓷修复操作中的打磨等环节会产生大量的粉尘，不仅对修复工作区域的环境、设备造成一定的污染，同时也不利于研究人员的身体健康。特别是修复操作台上的粉尘如未能及时清理，将大大影响着色等修复环节的操作。所以有效的除尘设备对于古陶瓷修复的开展非常重要。修复研究室一般采用集成式吸尘系统和独立吸尘设备两种。集成式除尘系统通过预先预留除尘管道，可在每个操作台上安置除尘臂，便于及时除尘，吸附的粉尘集中于一个固定的容器内，具有噪声小、吸力强等特点。独立吸尘设备一般为便携式吸尘器，具有轻便、便于移动和携带等特点。

6. 用水要求

陶瓷类文物在清洗、脱盐等过程中会大量用到水。普通水质中含有碳酸钙、氯化物等杂质，不能直接用于陶瓷类文物的修复操作中。含有可溶性钙盐、镁盐较多的水称为硬水，硬水中的钙盐、镁盐能与肥皂作用生成沉淀而使其失去去污能力。一般推荐采用蒸馏水和去离子水。蒸馏水是经过蒸馏、冷凝操作的水，蒸两次的叫重蒸水，蒸三次的叫三蒸水。去离子水是指通过离子交换树脂去除水中的离子态杂质而得到的近于纯净的水。去离子水完全或不完全去除离子物质，因为去离子水中仍然存在可溶性的有机物，所以不宜使用长时间存放的去离子水，修复研究室建议配备去离子水机设备（图 2–11）。

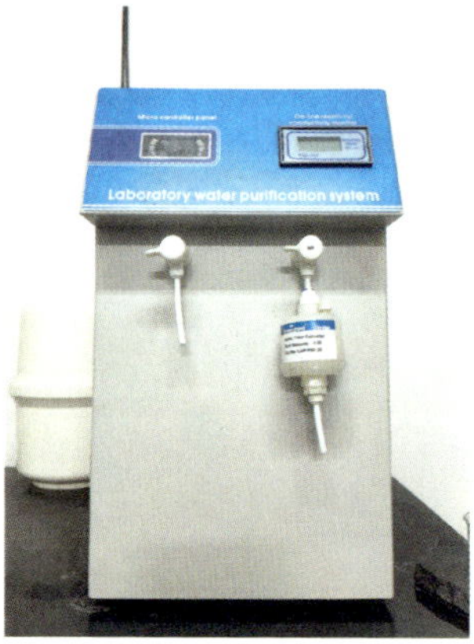

图 2–11　去离子水机

（二）消防安全

1. 消防

修复研究室的消防设计应遵循国家有关基本建设的方针政策，贯彻“预防为主，防消结合”的消防工作方针，遵照《GB 50016–2014 建筑设计防火规范》《XF/T 1463–2018 文物建筑消防安全管理》等规范进行设计布局。

在修复研究室消防安全的建设中，第一要建立消防安全责任制，研究人员、设备负责专员等均需要学习并掌握基本的消防知识、实验室灭火知识、文物消防安全，做到“三懂”（即懂自己岗位的危险性、懂预防措施、懂扑救方法），“三会”（即会报警、会使用灭火器、会逃生）。第二需要重视消防安全，制定事故预案并对消防设施进行定时检查维修。第三，配置标准的消防设施器材，设置消防安全标志和防火标志，明确安全出口。第四，对特殊材料设备进行专门的防护处理，如化学品应统一保存在防爆柜中，远离明火。

修复研究室室内应配备小型灭火器和至少一床灭火毯，以便在人员身上衣物着火时可及时扑灭。修复研究室走廊应配备大型灭火器、消防沙箱、可调喷雾头的消防水龙，用以扑灭不同类型物质导致的起火。除灭火装置外，修复研究室内每个房间应安装烟雾报警器和火警报警器，同时配备紧急电源。

2. 安防

修复研究室的安全防护设置应严格遵守《GA 27–2002 文物系统博物馆风险等级和安全防护级别的规定》

《博物馆安全保卫工作规定》等相关法律规范和行业标准。根据上述相关规定，防护级别根据防护对象不同分为三类，分别为目标防护、部位防护和单位防护，并与风险等级一一对应，分为三个级别，即防护级别Ⅰ、防护级别Ⅱ、防护级别Ⅲ。具体的防护手段、防护布局和防护技术需要依据风险等级和防护级别所对应的要求进行设计。

安防系统的技术要求与风险级别和防护级别一致，主要包括报警系统、防盗窃防抢劫防范系统、防破坏能力、监控装置和紧急联络与值班系统，部分安防要求会随着级别的提升而提高，并且根据区域功能的不同需要装备不同的设备进行保护，如展览室、库房、修复室都应该拥有更有针对性的安防技术要求。在建立藏品修复室时，除基本安防设施外，根据要求需要和风险等级应加装出入口控制装置，室内需要装备藏品储存柜和紧急报警装置及通信工具。

3. 危化品管理

陶瓷文物保护与修复过程会大量使用化学品。化学品安全管理是文物保护与修复操作过程中极为重要的一个因素。依据《中华人民共和国安全生产法》《危险化学品安全管理条例》《上海市危险化学药品安全管理办法》等有关的法律、法规，文物修复师所使用的化学药品应放在避光、防火防爆、防腐蚀的化学药品安全储存柜中，并设立修复室安全员，承担化学药品的采购、管理、报废等职能。使用后的化学材料应尽可能回收、重复利用，其余按照要求妥当处理，使用后的化学品容器由安全员负责集中回收处理，不可随意丢弃、污染环境。化学药品或者试剂要转移到已核实的化学玻璃器皿中使用，并在容器外面贴好药品名称的标签。例如，在陶瓷文物保护与修复中常用的危化品中，丙酮溶液作为易燃、易挥发、有毒性的酮类有机溶剂，其本身的化学特性导致丙酮在保存时需要远离明火，使用时不可以敞口放置。含该物质的溶剂处理应利用其易燃的特点采用焚烧法，因此研究室的丙酮一般是收集在废液池中，最后交由专门的废液处理厂进行统一焚烧处理，不能直接或稀释后倒入下水道中。其他危化品的处理方法可参考《HG/T 5012–2017 实验室废弃化学品安全预处理指南》。

三、修复研究室管理制度

（一）总则

古陶瓷保护与修复研究室应严格按照国家与所在文保单位的相关规章制度，践行“保护为主、抢救第一、合理利用、加强管理”的文物工作方针，遵循“人身安全第一、对文物负责第二”的实验室原则和“保护文物原状、最小干预、可逆性”的修复原则，紧密结合现代科技，规范使用仪器设备，继承与发扬传统修复技艺，采取科学严谨有效的方法及措施进行陶瓷文物保护与修复研究。

古陶瓷保护与修复研究室主要承担陶器类文物和瓷器类文物的保护研究、修复研究和复制工作，其他类型文物如书画、油画、纺织品等，不得在陶瓷文物保护与修复研究室内进行实践操作。

古陶瓷保护与修复研究室的管理制度主要包括人员管理、设备管理、操作管理，所有进入古陶瓷保护与修复研究室的研究人员，必须遵循相关管理制度，不得擅自移动、修改、带离古陶瓷保护与修复研究室内的设备、仪器等物品。

（二）人员管理

1. 建立出入登记制度

为确保文物安全和管理制度规范，进出古陶瓷保护与修复研究室的人员必须提前预约并进行相关登记，登记内容除基本的个人信息外，还包括来访原因、进出时间、是否带入物品、是否带出物品等。

2. 建立工位责任制

每人拥有固定工位，并配备基本操作工具和相关设备。工位只允许摆放与工作实操相关的物品，工具、仪器与材料需分类摆放，并严格按照化学实验室化学品材料操作规范。原则上工位不可相互交换使用，不得擅自改动布局位置。研究人员在使用时，需要实时记录操作步骤，并在完成研究后将工位复原，保持整洁，如有借用设备或材料，需要及时放回原处，并做好记录。个人工位由使用者全权负责，如遇操作失误或者设备损坏，由对应的使用者承担相应责任，并上报主管领导采取对应补救措施或维修申报。

3. 个人服饰要求

进入古陶瓷保护与修复研究室后，研究人员必须更换实验服，禁止穿拖鞋、高跟鞋，如是长发，必须将头发扎至后脑或盘起，额前刘海不可以遮住眼睛，影响视线。操作时必须佩戴口罩或防毒面具，如需操作危险化学品或危险仪器设备，需佩戴护目镜和手套，手套需套在实验服袖口，保护裸露皮肤和眼睛。

4. 违禁物品管理

古陶瓷保护与修复研究室内严禁将食物带入，严禁在古陶瓷保护与修复研究室内饮食，严禁带敞口饮料或水杯，严禁带入明火、非古陶瓷保护与修复研究室所拥有的化学品。

（三）设备管理

1. 设备借用原则

古陶瓷保护与修复研究室内设备由专职人员负责管理，研究人员如需使用古陶瓷保护与修复研究室内公用设备，需要与设备负责专员申请并进行登记，登记内容除基本个人信息外，还包括使用设备名称、使用目的、借还时间、使用后设备是否有损。

2. 设备使用原则

古陶瓷保护与修复研究室内的所有设备只可以用在与文物保护与修复的相关研究上，不可做与古陶瓷保护与修复研究无关的操作。研究人员需对使用设备有基本的认知常识，若为初次使用设备，须由设备负责专员全程陪同并指导使用。设备使用途中，设备负责专员不可擅离研究室，以确保设备在使用中发生突发异常情况时可以及时检查、调整和补救。研究人员在使用完设备后，需及时将设备复原并放回原处，及时打扫操作台，保持设备和操作区域整洁。

3. 其他时段设备管理要求

当古陶瓷保护与修复研究室处于非工作时间时，应切断设备电源，并统一收纳在器材室，相关化学材料应保存在材料柜中，禁止私自外借。当非工作时段设备需要非间歇运行时，必须将设备安置在显眼并稳定的地方，且与设备负责专员进行报备，研究人员应定期返回古陶瓷保护与修复研究室检查设备运行情况，观察运行中途是否出现异常，如若存在异常，应立即调整或停止设备运行。

4. 设备维护

设备负责专员应在研究人员进行操作前对其进行设备操作、维护、相关注意事项的科普，并对设备使用情况进行详细记录，定期对设备进行功能检查，及时对设备进行维护，检查与维护的时间周期应根据设备自身说明和要求而定。对已损坏或待维修设备需做好登记，并在设备显眼处注明已停用标记，确保研究人员不会误拿有异常的设备进行研究操作。如设备确定报废，则应及时搬离设备间，并按实验室仪器报废的相关流程进行处理。

5. 赔偿原则

在操作中，如设备因为研究人员的不当操作引起故障，根据具体情况，由进行操作的研究人员承担维修费用或照价赔偿；如设备本身存在异常情况，却被研究人员在不知情的情况下使用引发了新的故障，且设备负责专员并没有对异常设备进行明显标记，则由设备负责专员承担额外产生的维修费用或照价赔偿；如设备本身存在异常情况，却被研究人员在知情的情况下使用引发了新的故障，则由进行操作的研究人员承担额外产生的维修费用或照价赔偿；如非以上三种情况产生的设备故障，则由古陶瓷保护与修复研究室按常规维护和保修程序对设备进行维修。

（四）操作管理

1. 操作步骤学习

研究人员在进行操作前，需要对操作流程明确且具备相应的知识储备，有完整的操作流程方案和研究设计。设备旁应附带设备操作的基本要求、流程和注意事项，且设备负责专员应在研究人员使用前对研究人员进行设备知识科普和教学。

2. 研究操作记录

研究人员在操作设备或进行其他研究时，需要对操作步骤进行准确记录，记录内容包括操作方法、使用材料和设备、操作目的、操作结果、操作起始时间、操作中途特殊情况。在操作过程中如有设备损害或材料损失，应增加附件进行记录并向设备负责专员进行汇报。

3. 其他操作管理要求

研究操作期间，研究人员应秉持科学、严谨、实事求是的基本行为准则，必须严格遵守古陶瓷保护与修复研究室管理要求，规范操作步骤，不得在古陶瓷保护与修复研究室进行与研究内容不相关的操作实验。研究操作结束后，需要及时打扫操作区域，保持操作台整洁，保证所用材料和设备放置整齐并复原归位，切断电源、水源、煤气。离开时带走个人垃圾，根据化学品管理办法处理化学废料。

思考题

1. 温湿度波动过大分别会对瓷器和陶器文物造成什么影响？
2. 在本节内容中，哪些措施是针对文物本身安全的？哪些措施是针对修复操作和修复材料安全的？

第二节　古陶瓷保护与修复的设备工具

古陶瓷修复技艺作为一种工艺，在开展文物保护修复工作中需要相应的设备与工具，以此来提高修复效率和修复效果。在使用这些设备和工具之前，相关操作人员需要对它们的适用范围、工作原理、使用方法以及相应的注意事项有一个比较全面的认识，然后才能将它们运用到具体的修复中。使用设备和工具开展保护修复工作，要遵循以下原则。

安全性：使用过程要严格按照规范操作，不得伤害文物本体，避免对研究人员造成伤害。

有效性：使用的设备工具能提高文物保护修复效率与效果，能解决保护修复中的实际问题。

可操作性：使用的设备工具应该具有一定的操作性，操作方法应简便，并满足文物修复室的操作条件。

一、修复设备

合理科学地使用修复设备，可以提高修复的效率，达到修复的预期效果。按照保护修复的工艺内容，可以将设备分为清洗设备、观察设备、材料配制设备、拆分设备、打磨设备、着色设备、信息存储及摄影录像设备、实验设备、其他设备。

（一）清洗设备

（请扫描版权页上二维码，观看教学视频）

图 2-12　超声波清洗机

1. 超声波清洗机

超声波清洗机（图 2-12、图 2-13、图 2-14）是通过仪器内的换能器，将功率超声频的声能转换成机械动能，使得槽内的液体能在声波的作用下保持振动，以此破坏陶瓷器文物表面污染物的附着力，从而达到清洗的效果。应选择振动频率与温度可调控的超声波清洗机，以满足不同的清洗要求。一般采用去离子水作为主要的清洗溶液，如使用化学试剂作为清洗溶液，应先将文物浸泡在该化学溶液的器皿中，再放置于超声波水槽内，水槽内仍需加入去离子水，这样能延长超声波清洗机的使用寿命，并防止化学试剂对仪器的腐蚀破坏。在进行清洗前，需要对文物自身的情况及污染物有一个准确的评估，方可进行操作。不得对表面脆弱的陶质文物或釉上彩瓷进行超声波清洗，同时对有裂纹等病害的陶瓷类文物要谨慎使用，防止因高温振动作用造成病害进一步的发展。

图 2-13　超声波清洗实况

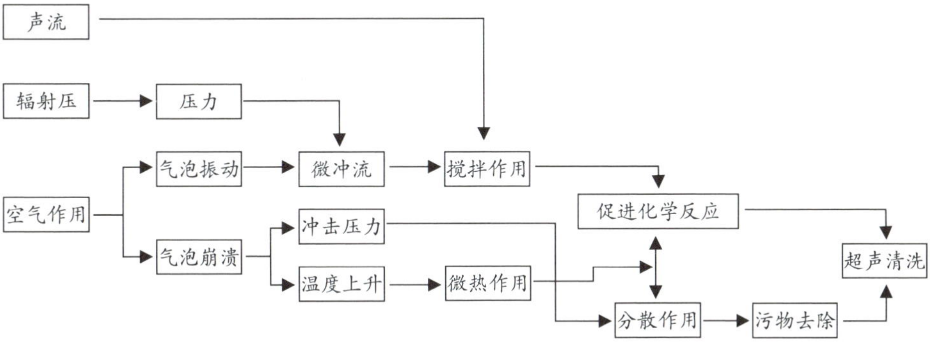

图 2-14　超声波清洗原理流程图

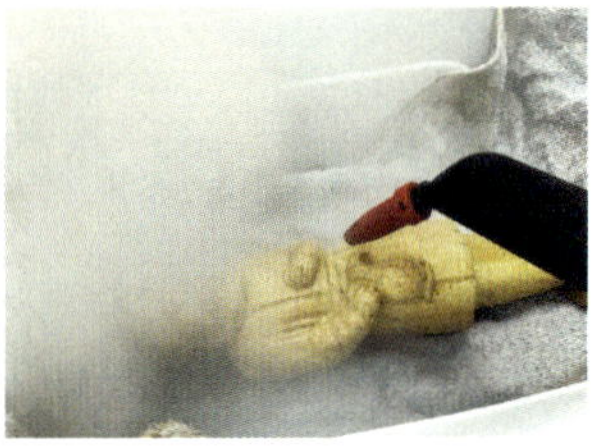

图 2-15　蒸汽清洗机使用实录

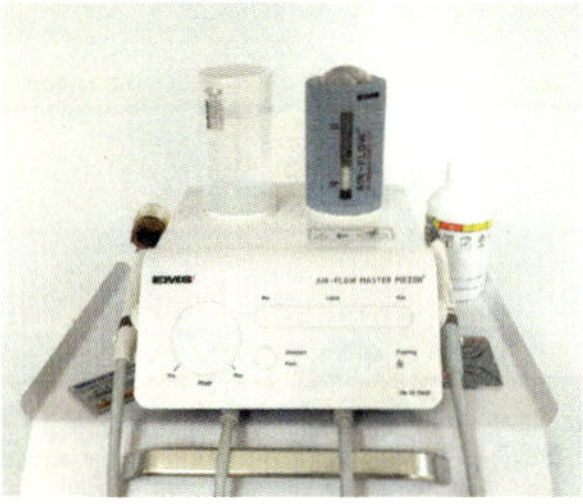

图 2-16　洁牙喷砂机

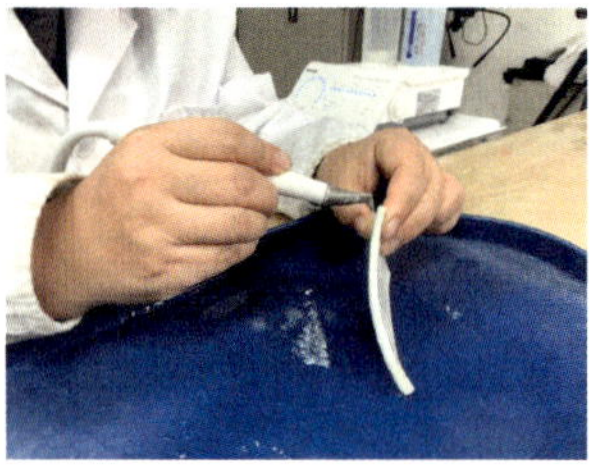

图 2-17　洁牙喷砂机操作实录

2. 蒸汽清洗机

蒸汽清洗机（图 2-15）是利用高压高温水及水汽喷射到陶瓷器文物表面，将文物表面的附着物（包括泥土、污渍、老化修复材料等）冲刷去除，从而达到清洗效果。在使用蒸汽清洗时，要做好一定的防护措施，佩戴橡胶手套，防止被烫伤。使用去离子水作为清洗介质，有利于保护文物和延长仪器的使用寿命。在进行清洗前，需要对文物自身的情况及污染物有一个准确的评估，方可进行操作。不得对表面脆弱的陶质文物或釉上彩瓷进行蒸汽清洗，同时对有裂纹等病害的陶瓷类文物要谨慎使用，防止因高温高压作用造成病害进一步的扩大。

3. 洁牙喷砂机

洁牙喷砂机（图 2-16、图 2-17）是利用高压气流，经喷砂设备将牙科喷砂粉与水一同在陶瓷类文物的表面形成喷射气雾，利用喷砂粉冲击文物表面污染物（包括泥土、污渍、老化修复材料等），从而达到清洗的效果。洁牙喷砂机作为一种物理清洗方法，比其他的清洗设备更能有效去除瓷片断面的污染物。在选择不同喷砂粉时，应确保其莫氏硬度低于陶瓷胎釉莫氏硬度，从而避免对文物造成二次损害。喷砂粉颗粒直径非常细微，不适用孔隙率较大的陶质文物，以避免喷砂粉吸附在陶质文物表面，对文物造成伤害。用洁牙喷砂机清洗完文物以后，需要进行漂洗，去除文物表面残留的喷砂粉。

4. 激光清洗机

激光清洗技术是指利用具有高能量的激光束照射待清洗物件表面，使物件表面的附着物（包括漆层、污垢、锈蚀层等）瞬间剥离或者蒸发，从而达到清洗目的（图 2-18）。作为新发展起来的清洗技术，激光清洗技术可对不同文物的多种污染物进行清洗，且对环境污染很小，已成为传统清洗方法的补充和延伸，其本身有诸多优点，在很多领域都展现了良好的应用前景。在使用激光清洗时，需要对文物自身的病害情况有一个准确的评估，确定污染物的主要成分以及污染物与文物之间的附着情况。同时在进行文物激光清洗前，应进行相关样品的安全性测试，以确定合适的激光能量、照射模式、

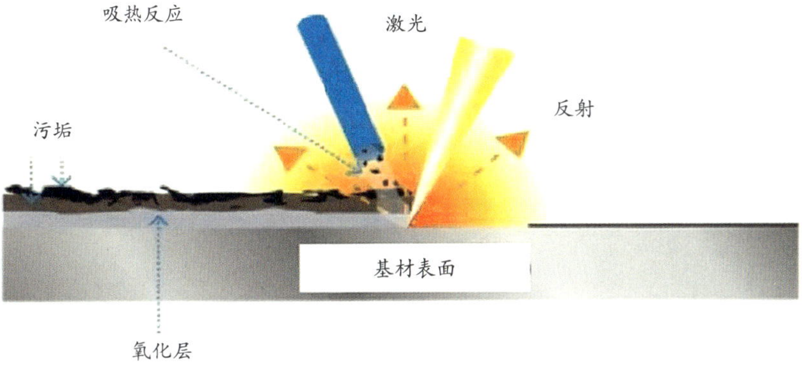

图 2-18　激光清洗机原理

照射范围、光斑大小，方可运用于具体文物的激光清洗中。应谨慎使用激光清洗技术，避免对文物造成二次损害，并做好相应的防护措施，保护操作人员的人身安全。

（二）观察设备

1. 视频显微镜（超景深显微镜）

视频显微镜（图 2-19、图 2-20）是文物修复中观察文物微观形貌特征必备的设备。它具有不同的放大倍数镜头、可 3D 拍摄的功能（解决弧形器物对焦问题），以及超高的分辨率。通过视频显微镜，文物工作者可以观察和记录陶瓷类文物的胎釉情况、文物病害情况，譬如污染物的结构特征、分布情况，裂缝、冲线等病害的严重程度等等，同时可以观察评估修复效果。

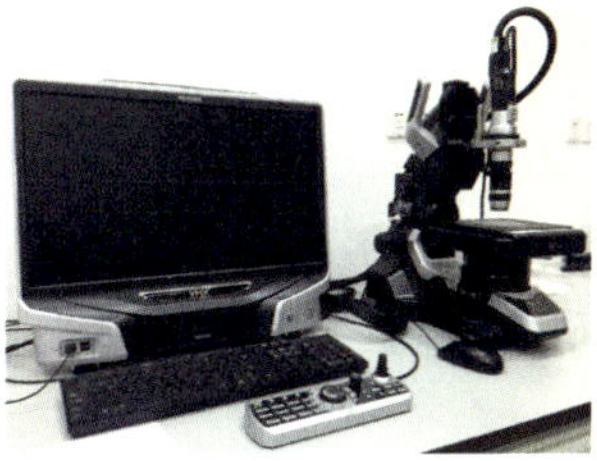
图 2-19　视频显微镜

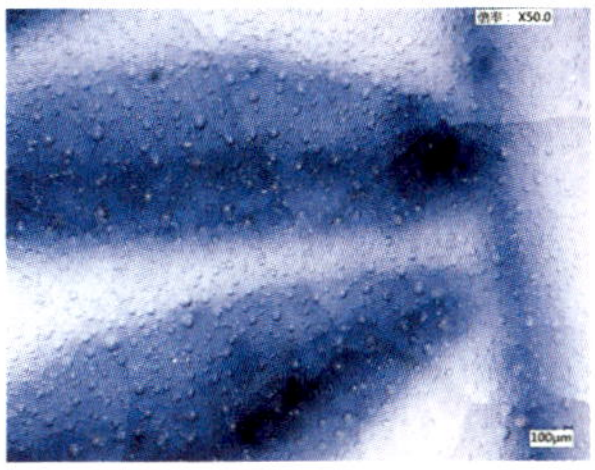
图 2-20　视频显微镜使用实录（50 倍）

2. 体式显微镜

体式显微镜现广泛应用于文物修复中。它不仅可以对文物进行显微呈现，而且可以协助修复师对文物进行精细化的修复操作，并且显微画面可连接电脑、电视等多媒体设备，可以进行实时修复画面共享和记录。

3. 屈臂式带灯放大镜

屈臂式带灯放大镜是陶瓷类文物修复中最常用的修复设备，往往被临时固定在修复台上。一方面，它可以作为一种辅助光源来提高修复操作范围的光照强度；另一方面，其自带的放大镜功能有助于工作人员在操作中及时观察文物细部和修复区域，从而提高修复的效率和效果。

（三）材料配置设备

1. 电子秤

电子秤是古陶瓷修复中调配材料至关重要的仪器。精准的配比能保证最佳的材料使用功效，从而提高修复效率和修复效果。

2. 电动实验搅拌机

图 2-21　电动实验搅拌机

电动实验搅拌机（图 2-21）是利用其自动搅拌的功能，便于修复材料的配制，提高配制溶液的效率，在古陶瓷保护修复中常用于 B-72 等溶液的配制。

3. 抽真空机箱

抽真空机箱一般由抽真空机以及抽真空箱两部分组成。操作过程中，操作人员一般把需要抽真空的溶液放置于抽真空箱中，盖上盖子，开启抽真空机，通过压力的变化，使得液体中的空气排出，从而达到抽真空的效果。在古陶瓷保护修复中，它常用于去除环氧树脂、硅胶等材料在搅拌过程中产生的气泡。

4. 冰箱

冰箱主要用于存放黏结剂等需要低温存放的修复材料，或者对调配的修复材料进行临时储存，从而延长使用的期限。

（四）拆分设备

1. 水浴加热器

图 2-22　水浴加热器

图 2-23 水浴加热器使用实录

水浴加热器（图 2-22、图 2-23）主要作用是拆分旧修的文物。在水浴加热器中加入去离子水，并放入需要拆分的陶瓷类文物，通过水浴加热的方法，使文物中的胶水因加热而老化，从而达到拆分的效果。

2. 热风枪

热风枪是通过电加热的方式，使得喷射的气体达到较高的温度，通过局部加热使得黏结剂老化，降低黏结力，从而便于文物的拆分。使用热风枪时应做好个人防护措施，戴好橡胶手套，同时应规范操作，避免引发安全事故。在用热风枪进行文物拆分之前，应确保文物的安全性，应谨慎将热风枪应用于文物的拆分。

（五）打磨抛光设备

1. 打磨机

打磨机（图 2–24）主要用于陶瓷类文物缺损补配区域的打磨。补配完的区域并不平整，特别是补配面积大的地方，可以通过打磨工具打磨，并根据不同的情况选择不同形状的打磨头进行打磨，提高打磨的效率。因为打磨头的硬度高于胎釉，所以在使用打磨机时要小心谨慎，避免碰到器物本体，以免造成二次损伤。为了确保不损伤胎釉，在补缺区域周围的原器物的表面可用美纹纸进行粘贴保护。

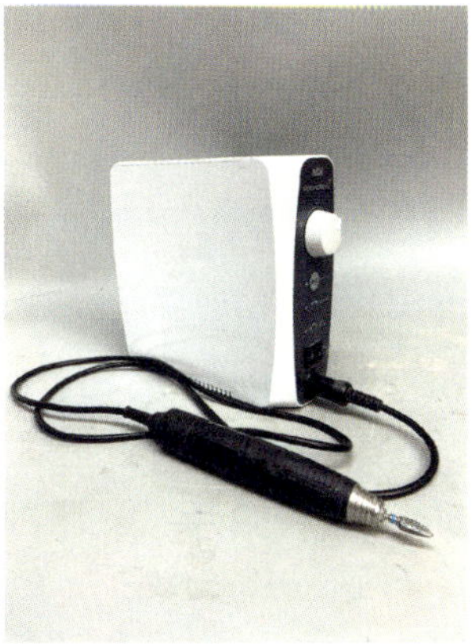

图 2–24　打磨机

2. 抛光机

抛光机主要用于对打磨、着色区域的抛光处理。操作时可根据打磨的区域和要求选用不同的抛光磨头以及碾磨膏。可以涂抹少量碾磨膏于羊毛抛光磨头上，然后用抛光机对需打磨区域进行小心抛光。在对着色区域抛光时，注意不可用力按压磨头，以免损伤该区域。

图 2–25　空气压缩泵

（六）着色设备

1. 空气压缩泵

空气压缩泵（图 2–25）是气源装置中的主体，它是将原动机（通常是电动机）的机械能转换成气体压力能的装置，是压缩空气的气压发生装置。空气压缩机的种类很多，按工作原理可分为容积型压缩机和速度型压缩机。容积型压缩机的工作原理是压缩气体的体积，使单位体积内气体分子的密度增加以提高压缩空气的压力；速度型压缩机的工作原理是提高气体分子的运动速度，使气体分子具有的动能转化为气体的压力能，从而提高压缩空气的压力。空气压缩机还需要四种配件：安全放气阀、油水过滤器、压力开关、橡皮软管。古陶瓷修复用的主要是容积型压缩机，并需要配合喷笔，后者用于陶瓷器修复中的着色处理。

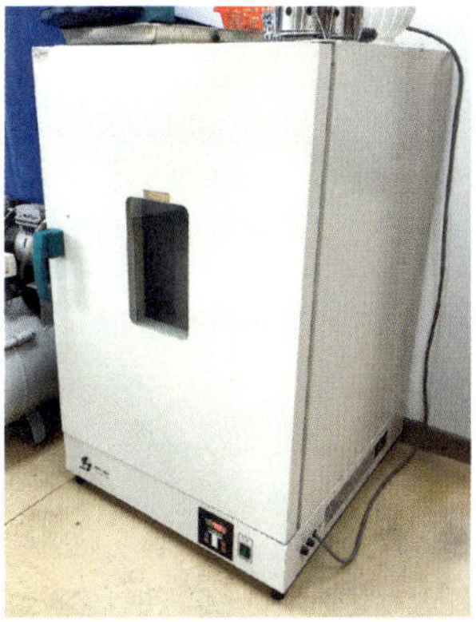

图 2–26　大型干燥箱

2. 大型干燥箱

大型干燥箱（图 2–26）是古陶瓷修复中较为重要

的设备，它可以用来干燥清洗完成的陶瓷器文物，通过加热使原有的黏结剂老化，加速旧修文物的拆分，提高黏结剂的强度，加速黏结剂的固化时间，提高着色材料的附着力，缩短着色材料的完全干燥时间等。应根据不同的干燥要求选择合理的干燥温度和时间，以免对文物造成二次损伤或加速修复材料老化进程。

（七）信息存储及摄影录像设备

1. 照相机和摄影机

照相机和摄影机主要用于记录文物修复前、修复中、修复后以及其他在修复过程、实验过程中涉及的重要图片及影像资料。

在拍摄的过程中，对文物本体的拍摄，特别是修复前照片、修复过程中的阶段照片、修复后的照片，应确保拍摄规范性和客观性。在使用摄影机拍摄时，应确保在不影响文物修复操作的前提下进行拍摄。

2. 信息存储设备

电脑及移动硬盘主要用于对修复相关信息、图像资料的查阅整理收集，以及编写修复方案、修复档案记录等，同时需要利用电脑绘制文物病害图，对收集的文物检测数据进行分析总结。

3. 简易文物摄影台

简易文物摄影台主要用于文物修复前、修复中、修复后的拍摄，是记录修复过程的重要一环。摄影棚一般配有摄影台、摄影纸（布）、摄影灯。

摄影台要结实稳固平整。摄影纸要干净整洁，以灰色调为主要色调，并覆盖摄影台及背景板（架），摄影纸与摄影台之间要固定牢固，避免拿取、摆放文物时产生移动，从而造成安全风险。摄影灯应可调节色温、照度，以满足不同的摄影要求。

（八）常用的实验设备

常见的实验设备主要用于对修复材料、修复效果进行一个实验分析，有助于提高古陶瓷的保护与修复技术（表 2–1）。

表 2–1：常用实验设备表单

设备名称	主要用途
色差仪	色差仪又被称为便携式色度仪、色彩分析仪。色差仪是一种简单的颜色偏差测试仪器。
光泽度仪	光泽度仪又叫光泽度测定仪，是测量物体表面光泽度的专用仪器。
紫外耐候试验箱	紫外耐候试验箱主要用来模拟日光中的紫外线情况，对样品的耐光老化性能进行测试。
硬度计	主要用于对样品的硬度性能指标的测试。

表 2-1：常用实验设备表单（续）

设备名称	主要用途
推拉力计	主要用于对样品的抗折度性能测试。
恒温恒湿干燥箱	主要用于对相应样品进行耐高温高湿的性能评估。
接触角仪	接触角仪可以用来测试修复材料成膜以后的可疏水性及亲水性，以此来评估该材料是否可用于具体的文物保护修复中。

（九）其他设备

1. 台虎钳

台虎钳主要用于修复工具和修复材料的制作。

2. 便携式吸尘器

便携式吸尘器主要用于陶瓷工作环境的清洁。文物修复的过程往往会产生大量的粉尘，便携式吸尘器能及时对工作环境进行清洁，确保文物修复工作安全顺利地开展。

3. 吹风机

吹风机是文物修复中常用的修复设备，通过对修复材料的加热处理，加快修复材料的固化时间，加强修复材料与文物之间的附着力。

4. 文物推车

文物推车是文物修复工作室、库房运输文物的必备设备，同时也是文物临时周转的存放设备。存放陶瓷类文物的手推车应设计为上下两层，上层层高 30cm，下层层高 50cm 比较合适。车内四周垫有橡胶或合成泡沫的缓冲材料，在移动文物特别是露置的器物时，能起到一定的保护作用。手推车车轮要运转轻便灵巧，稳妥适用，并带有制动装置，其长、宽、高以 90cm、60cm、100cm 为宜，以方便其在修复工作区域、库房区域安全移动。

二、修复工具

古陶瓷保护修复中的修复工具种类繁多，研究人员应了解每种工具的使用方法和适用范围，并在具体的修复操作中灵活使用。

（一）检查工具

1. 放大镜

主要用于观察器物的细节特征，包括釉色情况、纹饰细节、病害情况等。

2. 紫外荧光灯

主要用于检查器物的基本情况，由于部分污染物有荧光反应，紫外荧光灯可用来检查器物表面的污染物分布情况。

3. 便携式显微镜

可以对器物病害、器物细部进行特征观察，是观察文物比较实用便携的工具（图 2–27）。

图 2–27　便携式显微镜

（二）清洗工具

1. 牙刷

牙刷是古陶瓷修复中在清洗环节上比较重要的一个清洗工具，它可以有效刷去陶瓷类文物表面的泥垢等污染物。为了进一步提高清洗效果，可使用电动牙刷，其刷头产生的高频振动可以有效去除泥垢，但它不得用于胎质酥松且有彩绘层的陶制文物。

2. 竹签

竹签主要是用来剔除附着在器物表面的一些硬结污染物。使用时，应先对污染物进行适当的浸润，然后再用竹签小心剔除。同时根据具体清洗要求，可自制竹签，提高清洗效率。

3. 棉签

棉签主要用于古陶瓷表面的清洗，一般蘸取相应的化学试剂对器物表面的污染物进行擦拭或轻压揉滚，以达到清洗的效果，同时也可以擦去在操作过程中使用的化学材料，包括黏结剂、上色颜料等。

4. 无尘纸

无尘纸替代传统毛巾，具有干净、便捷等特点，使用完以后不会在器物表面留下污染物，主要用于吸干清洗完成的陶瓷文物表面的水分。

5. 尼龙刷

尼龙刷主要用于清扫古陶瓷表面的灰尘、土渣。尼龙刷有不同的大小尺寸，可根据具体的使用情况选择合适的尼龙刷，使用完以后要将尼龙刷及时清洗干净，便于下次使用。

（三）固定工具

1. 胶带纸

在古陶瓷修复中常用的胶带纸分为两种。一种是透明胶带纸，主要原材料是 BOPP 聚丙烯薄膜和压敏胶。

将聚丙烯薄膜通过印刷机、涂胶机等设备进行表面涂布加工，然后进行干燥、卷绕。透明胶带纸一般选择黏度适中、弹性好的为宜，这种胶带纸主要是在粘接器物的过程中起到临时固定的作用，胶带纸的弹力，可以使粘接而成的陶瓷片更加紧密和稳定。另一种是美纹胶带纸，是以美纹纸和黏胶为主要材质组合而成，有着出色的耐溶、耐高温的性能，适用于在修复的过程遮盖器物表面，起到保护作用。胶带纸不得长时间作用于陶瓷表面，特别是陶器或瓷器的露胎部分，以避免胶带表面的胶黏剂渗透进器物内部，造成文物的二次伤害。

2. 热熔枪

热熔枪通电以后在枪体内部产生热量，当温度达到熔点后热熔胶成为流体；因为热熔枪还要接一条气路，所以有气压，扳机被扣动时内部的气压就会使流体的热熔胶从枪头喷出。热熔枪使用非常方便，通电后设定温度，大约过 15 分钟就可以使用了。具体的使用方法为：当两片瓷片粘接在一起以后，将加热变为流体的热熔胶涂抹在粘接处，待热熔胶冷却固化以后即可起到临时固定的作用。具体的使用过程中应小心操作，避免被加热的枪头及热熔胶烫伤。同时要避免在陶器或瓷器的露胎部分使用热熔枪，因为附着在器物表面的热熔胶具有较强黏性，在去除已固化的热熔胶时，容易导致胎质部分的剥落。

3. 沙盘、沙包

沙盘主要在粘接大型陶瓷器时起到临时固定陶瓷片的作用。它由细沙和容器组成，容器大小及细沙量可根据不同的器物大小及使用要求调整。要选择颗粒细腻无杂质的细沙，以避免在使用时磨损釉面。沙包则是用小牛皮包裹细沙缝制而成。由于陶瓷器在平躺时容易滚动，用沙包垫于器物四周可以在具体修复过程中起到稳固作用，提高操作的安全性和稳定性。

4. 固定架

固定架在古陶瓷修复中主要起到临时固定的作用。对不适用胶带纸等临时固定的情况，可以选择用固定架进行临时固定。固定架的种类较多，一般古陶瓷修复中会配备不同的固定架以应对不同的情况。

（四）塑形工具

1. 牛角刀

牛角刀是用牛角制成的一种工具，其弹性适中，一般适合于调配补配材料。

2. 抹刀

抹刀主要用于蘸取调配好的黏结剂、补配材料涂抹在器物的裂缝、断面、缺损部位等。同时还可以与画笔一起作为上色技法中的“弹绘法”工具。

3. 雕塑刀

雕塑刀主要用于对器物缺损处的补配材料在未完全固化之前进行调整处理，以达到相应的造型要求。

（五）打磨工具

1. 手术刀

手术刀由手术刀片和手术刀柄组成，不同的手术刀片应配不同尺寸的手术刀柄。手术刀主要用于去除器物表面的污染物、残留在器物上多余的修复材料。

2. 锉刀

锉刀是用碳素工具钢 T12 或 T13 经热处理后，再将工作部分淬火制成的，是一种小型生产工具。它是用于锉光工件的手工工具，用于对金属、木料、皮革等表层做微量加工，在古陶瓷修复中主要用于对补缺部分进行打磨。使用的锉刀种类主要有平锉、半圆锉、圆锉、异形锉等，根据不同的尺寸分为大锉刀、中锉刀、小锉刀，在使用时应根据打磨的情况选择合适的种类和尺寸，并且需要注意用美纹纸做好原器物的保护措施。在用锉刀时应保持谨慎，以免伤及釉面。

3. 砂纸

砂纸是一种供研磨用的材料，用以研磨金属、木材等表面，以使其光洁平滑，通常在原纸上胶着各种研磨砂粒而成。除了砂纸外，根据不同的表面材质，类似工具还有砂布、海绵砂块等。研磨材料主要有三大类：氧化铝、碳化硅（金刚砂）、氧化硅（玻璃砂）。

其中氧化铝的莫氏硬度为 9.0 左右，碳化硅在 9.5 左右，玻璃砂硬度在 6 左右，而瓷器的莫氏硬度在 6.5—9.0。为了确保不伤及陶瓷釉面，一般在打磨时优先选用以玻璃砂为碾磨材料的砂纸。一般砂纸的目数越大，其切削力就越弱，打磨越精细。砂纸在古陶瓷修复中主要的作用有去除表面器物污垢、打磨整形、着色调整抛光，它是古陶瓷修复中非常重要的一种修复材料，根据陶瓷器修复的要求，文物修复者结合古陶瓷修复中的不同步骤，有针对性地选择合适的砂纸种类、目数、打磨方法以及打磨程度。合理的选择和使用砂纸，可有效避免砂纸对陶瓷器的损伤，有助于提高陶瓷器修复的效果。

4. 研磨膏

研磨膏是由研磨粉、油酸、凡士林等组成。油酸是一种黏性较大、氧化作用较强的液体，它可以加快研磨过程，缩短研磨时间。古陶瓷修复中的研磨膏一般使用金刚石类的。挤少量研磨膏于打磨抛光处并涂抹均匀，用无尘布（毛面）或者抛光机配合羊毛磨头进行抛光处理，可根据不同的研磨膏目数来调整仿釉层表面光洁度。因为研磨膏有不同颜色，所以存在影响仿釉层颜色的可能，应根据具体情况选择颜色合适的研磨膏。

（六）上色工具

1. 喷笔

喷笔（图 2-28）是一种精密仪器，能制造出十分细致的线条和柔软渐变的效果。

它可以更均匀地喷涂涂料，更好地控制涂料的厚薄以表现色彩轻重、明暗等细微差别，易于大面积喷色而不产生色差。与彩色喷罐相比，它不再是单调的一种色彩，操作者可以根据自己的喜好和需要，任意调和出各种色彩，完全不受拘束。一般说来，颜料溶剂调和后如颗粒比较小，可作为喷画用的颜料。常用的喷笔，容量在 3cc—24cc 不等，口径 0.2mm—0.3mm，分上壶、侧壶、下壶三种形式，古陶瓷修复中的喷笔建议使用上壶，同时喷笔必须与气泵配用，因为喷笔必须有气体喷发才可将颜料喷出来。

正确使用喷笔的方法是：①把调配均匀的颜料小心导入上壶，不要超过上壶容量的 80%，以免操作时颜料溢出；②调节喷射量旋钮，然后对准需要喷绘区域，用食指轻轻向下按压，使喷笔喷射的颜色能均匀地覆盖喷绘区域；③喷绘完成以后，需要用对应的清洗试剂充分清洗喷笔，以免堵塞喷嘴，影响下一次的使用。

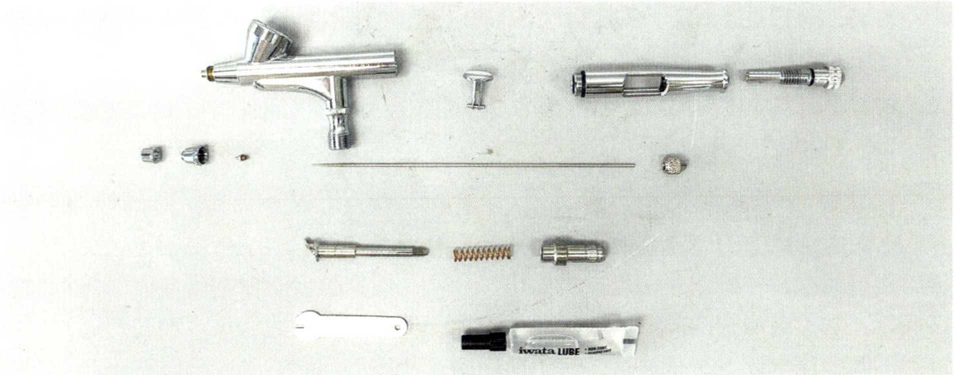

图 2-28　喷笔拆解图

2. 喷笔清洗壶

喷笔清洗壶主要是用于收集喷笔在使用中产生的废料，包括颜料、溶剂等。一般清洗喷笔产生的废液需要喷进喷笔壶进行收集，能大大减少对操作环境的污染。喷笔清洗壶需要定期进行清理。

3. 画笔

古陶瓷修复中的画笔种类很多，尺寸也很多，可以根据具体的修复要求选择合适的画笔进行上色处理。

4. 调色板

调色板用于调配上色颜料。一般使用白色瓷砖作为古陶瓷修复中的调色板：白色易于显示颜料的色相、纯度、明度；瓷砖则比较稳定，它具有耐腐蚀、耐酸碱的特性，可以在上面调配不同成分的颜料和化学试剂而不受影响；同时其光滑的表面易于清洗，便于重复利用。

5. 调色杯

调色杯用于上色颜料的调配以及盛放。调色杯的材质一般为透明玻璃或者瓷，瓷质调色杯建议使用白色瓷杯，以确保调色的准确度。一般的调色杯尺寸为 5ml—15ml，使用完的调色杯要及时清洗干净。

6. 化学试剂滴瓶

化学试剂滴瓶主要用于盛放常用的化学试剂，包括酒精、乙酸乙酯等。应选择规范的化学试剂滴瓶，保证滴瓶的密封性以及滴罐的可操作性，一旦发现有破损或者滴灌橡胶老化要及时更换，一般化学试剂滴瓶的尺寸为 50ml—100ml。化学试剂滴瓶要进行妥善保管，避免埋下安全隐患。

7. 试剂瓶

试剂瓶主要用于存放上色颜料、调配好的加固溶剂等修复材料。一般材质为高硼硅玻璃，同时要保证盖子的密封性，且具有一定的耐腐蚀性。

8. 抹刀

抹刀主要通过拨动粘有颜料的画笔，将颜料弹绘在着色区域。

（七）防护工具

1. 口罩

古陶瓷修复中的口罩分两种。一种是在打磨时产生粉尘或者使用粉剂类修复材料时进行佩戴，一般选用医用口罩即可。一种是用来隔绝有毒有害气体而佩戴的防毒面罩。防毒面罩分两部分，一部分是面罩，另一部分是过滤盒。不同的过滤盒能针对不同的化学试剂进行防护，使用前应确定使用的化学试剂成分以选择合适的过滤盒。

2. 手套

手套分两种。一种是乳胶手套，主要用于日常的修复中，一方面防止化学材料对研究人员产生不良影响，另一方面在操作中佩戴乳胶手套可以防止油脂等污染器物。另一种是橡胶手套，主要在面对腐蚀性较强、蒸汽清洗的高温溶液或者气体操作时对研究人员进行一定防护。

3. 防护服

防护服主要是在进行比较有风险的修复操作时穿着的。一般情况下，研究人员在进入修复工作区域时穿上工作服即可。

（八）其他工具

1. 各类实验玻璃器皿及常规用具

古陶瓷修复中常用到一些实验室玻璃器皿，包括各种尺寸的烧杯、洗瓶、量杯、量筒、滴管、漏斗、研钵、玻璃棒等等（表 2–2）。

表 2-2：常用的实验室玻璃器皿及用途

名称	修复时的主要用途	使用注意事项
烧杯	配制溶液、隔水加热	加热时应置于石棉网上或置于水中，使其受热均匀，不可干烧
洗瓶	装纯净水或洗涤剂，用于清洗	
量杯、量筒	粗略量取一定体积的液体	不能加热，不能配制溶液，操作时加入或倒出液体需沿壁
滴管	微量取出溶液	
漏斗	用于试剂分装进试剂瓶中	
研钵	用于研磨粗颗粒粉末颜料	不能撞击，不能烘烤
玻璃棒	用于引流、搅拌、制备试剂	

2. 金属转盘

金属转盘本来是陶瓷拉坯中的一种工具，在修复中，转盘可以通过转动来描绘陶瓷器纹饰中缺失的弦纹，也可以把陶瓷器置于转盘上进行拍摄等操作。

3. 测量工具

测量工具主要包括各种尺等，用来测量文物的基本情况，包括口沿的直径、底足的直径、高度、长度、宽度等，还可以用来测量病害的长度、宽度及范围情况。

4. 塑料盆 / 硅胶盆

塑料盆主要用来盛放需要清洗的陶瓷器、硅胶盆（碗），也可以用来调配石膏或作为软化打样膏的盛水容器。

思考题

1. 画出超声波清洗机原理流程图或原理作用图。
2. 任意列举三个实验室常用玻璃器皿，说明其名称、主要用途、注意事项。

第三节　古陶瓷保护与修复的材料

（请扫描版权页上二维码，观看教学视频）

古陶瓷修复技艺中的修复材料种类繁多，根据修复步骤主要划分为清洗材料、粘接材料、加固材料、补配材料、翻模材料、着色材料。这些材料的选择应满足安全性、有效性、可操作性、可逆性、兼容性、化学稳定性等特性，在使用之前需要明确其化学组成、性能特点、使用方法、适用范围，在操作中应严格按照准确的流程规范。对于新的材料，则应提前做好实验研究，确认其有效、安全后方可将之运用到具体的文物修复中。

保护或修复材料的选择应该建立在对文物历史信息、保存现状、病害产生机理，以及保护材料的化学组成、物理性能、使用工艺、适用范围、耐久性能了解的基础上，并结合应用实例，优选或设计出适宜的保护材料。

一、常用清洗材料

清洗是古陶瓷修复中极为重要的步骤，清洗材料的合理使用有利于清洗目标的达成。在选择清洗材料时要考虑其安全性、有效性、可操作性。清洗材料种类繁多，应根据具体病害情况选择合适的清洗材料。清洗材料分为物理作用清洗和化学作用清洗，其中化学作用清洗的占大多数。由于该阶段的古陶瓷文物多数为未受干预的状态，因此选择化学作用清洗时必须全面考虑是否会对文物稳定性产生影响，这也是清洗材料选用时主要考虑的因素。

（一）清洗材料的选择

1. 安全性：清洗材料不能伤害文物本体，同时能漂洗干净，不宜残留在文物本体内。不能对文物产生二次伤害，不影响后续的修复材料、修复步骤的开展。

2. 有效性：清洗材料能有效去除文物病害。

3. 可操作性：清洗材料配置要简单，同时可操作性较强。

4. 符合国家环境安全规范试剂：可通过官方渠道获得，同时明确其成分情况。

注意事项：

（1）当选用新型清洗材料进行文物清洗时，应先对该材料进行安全性评估，在满足评估要求的前提下方可将之运用于文物。

（2）应避免强酸强碱溶液以及有毒高挥发性化学试剂的使用，尽量使用安全、绿色、环保的化学试剂。

（二）常用清洗材料

1. 表面活性剂

表面活性剂可有效地去除牢固的灰尘和油渍。表面活性剂为一类在溶液中浓度很低时就可以显著降低溶剂表面张力的物质，从结构上讲，表面活性剂是指分子结构中含有亲水基和亲油基两部分的化合物。按照离子型分类，它可分为阴离子表面活性剂、阳离子表面活性剂、非离子表面活性剂、两性离子表面活性剂。表面活性剂的作用有湿润、渗透、乳化、增溶等。表面活性剂的工作原理是通过一部分亲水基使其溶于水，一部分亲油基溶解油渍，从而借助表面活性剂把器物表面上的油渍带出。

肥皂从广义讲，也属于表面活性剂的范畴，但肥皂水会与陶瓷器内部或硬水中的金属离子反应，形成不可溶的浮渣，在器物上留下难去除的黄褐色污斑。商业洗涤剂也要谨慎使用，因为其中含有色素、香精、漂白剂等成分不明的添加剂，可能对器物，尤其是烧结温度低、孔隙率较大的陶瓷器造成损害。

使用方法：表面活性剂一般用去离子水进行稀释，具体的稀释比例根据不同的产品略有不同，调配好的清洗溶液，用镊子夹取棉球，浸湿以后轻轻涂擦污染物，直到污染物去除，然后用去离子水漂洗干净。

2. 水

水作为一种自然界中最常见、最易得的液体，常常运用于文物保护工作中。古陶瓷清洗中一般使用去离子水、蒸馏水，因为天然水中含有大量的杂质，如碳酸氢钠、碳酸钙、氯化物等杂质，不能直接用于古陶瓷的修复操作。水在清洗中一般发挥三种功能：第一是单独作为清洗材料；第二是以水为溶剂配制各种文物清洗材料；第三是漂洗作用，一件文物往往经过各种化学清洗，导致化学试剂残留，物理清洗也会导致相关的物理材料或者污染物（附于器物表面）的残留，漂洗能去除文物的各种残留物质。

使用方法：用水清洗文物时要注意水对文物的影响，在确保水不对文物造成损坏的前提下方可进行清洗。在清洗前，先要评估并判断器物胎釉的强度。对胎釉脆弱的文物，应避免将其浸湿在水中清洗，可先用无尘纸或棉花团沾湿温水，敷在器物表面吸附污渍。局部区域应选择脱脂棉签沾湿温水进行局部清洗，使用棉签时要卷动而不是涂擦，通过棉签的卷动把污染物吸附于棉签，用力涂擦一方面会造成文物的损伤，另一方面容易把污渍压入器物内部。当附着物过硬过厚时，可先用竹刀等工具进行清除，再用水清洗。胎釉牢固的器物可以浸在水中用软布和软刷进行清洗，但不宜浸泡时间过长。对文物进行漂洗前，首先确保文物胎釉牢固，不建议对胎釉脆弱的文物进行漂洗。漂洗的方法是一般先用蒸汽清洗机对文物表面进行高温高压清洗，以去除器物表面污染物、化学试剂等残留，然后将器物浸泡在去离子水、纯净水中，时间控制在 2 小时以内，然后取出，用无尘纸擦拭干净。清洗结束以后，器物要放在通风处晾干，或者放置于干燥箱，温度设置在 30℃—40℃，进行干燥处理。以下是水清洗方法流程（图 2-29）。

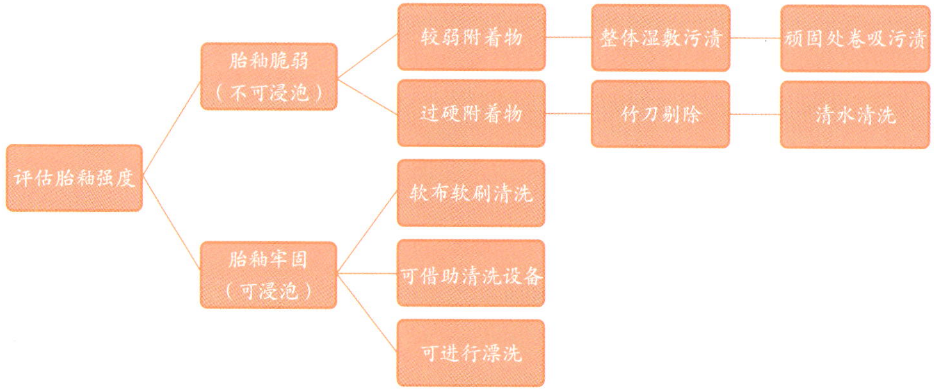

图 2-29　水清洗方法流程

3. 有机溶剂

有机溶剂适合清除油脂、油漆、蜡质类污垢，这些物质多是非极性分子，不溶于水，只能溶于非极性的有机溶剂中。当污渍无法用水和洗涤剂去除时，可以用棉签浸润有机溶剂来擦拭污渍。有机溶剂易挥发，有刺激性气味，对人体有一定的毒性，操作时要做好防护措施，并在有通风设备的地方操作，在通风、避光处储存。

古陶瓷修复常用的有机溶剂有乙醇（C_2H_6O）、丙酮（C_3H_6O）、香蕉水 [$CH_3CH(CH_3)CH_2CH_2OOCCH_3$]、乙酸乙酯（$C_4H_8O_2$）、乙酸丁酯 [$CH_3COO(CH_2)_3CH_3$] 等。乙醇是无色透明易挥发的液体，能溶解许多有机化合物和若干无机化合物，可溶解油脂类、树脂类等材料。丙酮是一种溶解范围较广的优良溶剂，能溶解油、脂肪、树脂和橡胶等许多有机化合物，可清除顽固的油腻污垢，也可溶解和软化多种黏结剂、色漆等修复材料。香蕉水是用多种有机溶剂（酯、醇、酮、芳香烃）配制而成的溶液，为无色透明液体，极易挥发与燃烧，主要用于溶解和稀释硝基清漆等。

4. 漂白剂

作用机制：有机物质具有颜色的原因是因为发色基团的存在，漂白简单地说，是基质向脱色方向发生的所有色泽变化。漂白引起了色泽系统的氧化或还原降解，漂白剂破坏了发色系统或者对助色基团产生了改性作用，使之降解为较小的水溶性单元而易于去除。漂白剂在对基质进行漂白的同时，还有去除各种色斑的作用。在水或有机溶剂对文物中的污染物无效时，可选择使用氧化剂。

种类：漂白剂有含氧漂白剂、含氯漂白剂、还原漂白剂等。

①含氧漂白剂

过氧化氢（H_2O_2）

过氧化氢溶液是一种无色液体，在不同情况下具有氧化性和还原性，在光热作用下易分解为水和氧。它在发生氧化分解的同时，反应产生的氧气压力对污垢的解离有促进作用，因此有很好的去污作用，可以用于氧化有机污渍。过氧化氢的水溶液为弱酸、强氧化剂，其氧化能力来自过氧离子的氧化作用，某些金属离子对漂白有明显的催化作用，这些离子是：三价铁离子（Fe^{3+}）、二价锰离子（Mn^{2+}）、二价铜离子（Cu^{2+}）。添加氨水可促进释放活性氧的过程，为了控制释放的速度，可以使用硅酸钠。过氧化氢可以用于清除有机残留物、黑色的硫化铁锈斑。

使用方法：可以采用过氧化氢和氨水的配方。先将碎片用水清洗几分钟，吸收水分，减少胎体对于过氧化氢的吸收。然后在过氧化氢溶液中滴入 1—2 滴氨水（氨水起到催化作用，释放出氧气，将污垢带到器物表面），将混合溶液浸湿棉条，用镊子将棉条紧贴在污渍部位，并用保鲜膜包裹好防止挥发，每 2 小时更换棉条，直到污渍洗净为止。最后用清水浸泡，漂洗干净，有时清洗时间要长达好几周。氨水有挥发性，过氧化氢反应后变水，几乎不会形成残留。有专家认为 6%（体积）的过氧化氢就可满足需要。需要注意的是，过氧化氢不要用于软胎陶瓷文物的清洗，如果漂洗不彻底，此类化学残留物会导致环氧树脂粘接层迅速变黄。它也不可以用在胎釉含铁的陶瓷器上，因为会与铁发生氧化反应形成氧化铁，产生黄色、棕色的铁锈斑。过氧化氢还会损伤釉上彩和鎏金部分。

②含氯漂白剂

次氯酸钠（$NaClO$）

次氯酸钠在冷水中也有很好的漂白作用，但是只有在 pH 为 9.5—11 的情况下才稳定。它在酸性和碱性环境中生成氢氧化物和次氯酸，后者分解为氯化物、氯酸盐和氧气，产生漂白作用，使用时可添加碳酸钠或醋酸以促进次氯酸分解。但次氯酸钠容易引起文物的破坏，例如被陶瓷的裂缝和缺陷部分吸收，通过吸湿—脱水循环，可能导致文物表面物质的脱落。

漂白原理如下：

$$2NaClO + CO_2 + H_2O = 2HClO + Na_2CO_3$$

③还原漂白剂

Ⅰ. 连二亚硫酸盐（$S_2O_4^{2-}$）

连二亚硫酸盐可作为纺织品去斑的主剂，作为大理石清洗铁锈的材料等。除锈后应该彻底清洗物体，以防止漂白剂及其副产物的残留。

Ⅱ. 高锰酸钾（$KMnO_4$）

高锰酸钾为深紫色晶体，溶于水成紫红色溶液。高锰酸钾有强氧化性，能氧化污渍中的色素，将某些色素还原为无色物，然后用还原剂（如亚硫酸氢钠）去除溶液中残留的氧化物，从而达到去污的效果。

$$2KMnO_4 \xrightarrow{加热} K_2MnO_4 + MnO_2 + O_2\uparrow$$
$$MnO_2 + NaHSO_3 = NaOH + MnSO_4$$

5. 酸性清洗剂

陶瓷器表面沉积物一般分为石灰质（碳酸盐）、石膏质（硫酸盐）、硅质（硅酸盐）等，且这三种沉积物不易辨别，可能三种同时存在。这种情况下，可按照先石灰质，再石膏质，最后硅质的顺序，将陶瓷器清洗干净。常用的酸性清洗剂有稀盐酸、稀硝酸等。不同的沉积物种类，应选择适当的酸性清洗剂通过化学反应去除。

①石灰质沉积物（CO_3^{2-}）

这类沉积物易于去除，可采用低浓度盐酸或硝酸溶液来处理。

具体做法：用滴管吸取一定量的10%盐酸或硝酸溶液，把它们滴加到沉积物上，待沉积物分解后，用清水冲洗掉余酸和残渣，也可使用棉球蘸取酸液浸润的方法，这更为安全。

$$CO_3^{2-} + 2HCl（稀） = 2Cl^- + H_2O + CO_2\uparrow$$
$$CO_3^{2-} + 2HNO_3（稀） = 2NO_3^- + H_2O + CO_2\uparrow$$

②石膏质沉积物（SO_4^{2-}）

石膏质沉积物要难去除些，可采用浓硝酸来清除。操作方法是将器物润湿，然后滴加少量浓硝酸在沉积物上，将其溶解，用竹刀等工具剔除，最后洗去余酸。也有采用硫酸铵的饱和溶液去除石膏质沉积物。

③硅质沉积物（SiO_4^{4-}）

硅质沉积物最不易去除，它与常用酸难起反应，黏结性亦较强。一般的方法是加氢氟酸溶解。但由于氢氟酸有剧毒，应尽量避免采用这种方法，采用机械方法更为稳妥。

当清洗结束后，用去离子水漂洗器物，测量清洗后的pH，判断酸液是否彻底漂洗干净。

注意事项：酸性清洗存在一定的危险，它既会对瓷器釉面造成腐蚀和损伤，又会对陶器产生一定的破坏作用，应谨慎选择。酸性溶液使用前应做好安全性评估和有效性评估实验，方可运用到具体的文物清洗中。

6. 碱性清洗剂

碱性溶液可以用来清洗动植物油脂，或者颜料、蜡等其他有机涂层。碱液中的氢氧离子与油脂发生皂化反应，可起到去污作用。碱性清洗剂包括氢氧化物、金属氧化物以及氨的水溶液，常用试剂有氢氧化钠、碳酸钠、碳酸氢钠、氨水。碱液去油污的能力强，但是用于孔隙率高的陶器时，不容易被彻底地漂洗，残留物会损伤破坏陶器的材质。因此，碱液只能用于孔隙率低的陶瓷器。必须注意的是，碱液对于人体有伤害，操作时应穿工作服，戴橡皮手套和防护眼镜。

①氢氧化钠（NaOH）

氢氧化钠俗称烧碱、苛性碱，为白色透明晶体。它有强腐蚀性，在空气中会迅速吸收二氧化碳和水，需要密封保存。氢氧化钠能与动植物油脂发生皂化反应，生成易溶于水的甘油和肥皂。市售的氢氧化钠为固体颗粒，对皮肤有灼伤危害，需要溶于水制成溶液。

②碳酸钠（Na_2CO_3）

碳酸钠俗称苏打、纯碱，为白色结晶固体，可以使油脂中游离的脂肪酸形成肥皂，利用肥皂的乳化润湿作用使油脂污垢疏松后去除。

③碳酸氢钠（$NaHCO_3$）

白色粉状物质，碱性较弱，俗称小苏打。小苏打有时也被用作温和的牙科磨料。

④氨水（$NH_3 \cdot H_2O$）

氨水不稳定、易挥发，有强烈的刺激性臭味，对眼睛、鼻腔有害。在陶瓷清洗中，氨水可以用作过氧化氢的催化剂，起到漂白污斑的作用。氨对铜离子具有良好的络合性能，产物都是易溶的，也被用来清除由于铜锔钉或鎏金装饰腐蚀而形成的铜锈斑。氨水与工业酒精混合（1 ∶ 1）可以用来清洗虫胶。

7. 金属离子络合剂（螯合剂）

螯合剂可与沉积物中的阳离子进行螯合反应，变成可溶性螯合物，从而将沉积物溶解去除。这种方法是将反应对象变为沉积物中的阳离子，一般选用的螯合剂能与沉积物中所有阳离子发生反应。常用的螯合剂有乙二胺四乙酸二钠盐（EDTA 二钠盐）、六偏磷酸钠。

使用方法：按配方的比例，在一定体积的蒸馏水中加入氢氧化钠，溶解后再加入三乙醇胺、EDTA 二钠盐，将试液慢慢加热，同时滴加苯磺酸钠。当温度升至75—80℃时，放入待清洗的器物，不断翻滚，煮沸 20—30min 后取出，用大量清水冲洗，刷去软化的沉积物；若一次未洗净，可重复操作直至清洗干净。最后用 2% 的醋酸溶液中和除去剩余的碱，再用蒸馏水洗净、晾干。

注意事项：该方法采用了大量强碱氢氧化钠，操作时应带好胶皮手套，翻动或拿取陶片时要使用坩埚钳，避免腐蚀皮肤。强碱介质煮沸时会对陶片有损伤，特别是脆弱陶器，要特别当心。

二、常用粘接材料

常用的粘接材料为黏结剂，黏结剂的好坏直接关系到修复效果与文物安全，所以黏结剂的选择尤其重要。在陶瓷器文物黏结剂筛选过程中，首先要考虑不同陶瓷器文物结构强度的差异、修复理念的差异，特别是陶质文物；其次考虑地域和环境，比方说当地的温湿度变化情况等；再次是制定黏结剂筛选方案；最后通过粘接实验选择效果相对最佳的粘接材料，达到科学修复的目的。

（一）黏结剂的选择

黏结剂种类繁多，一般要考虑粘接强度、颜色和透明度、固化时间及操作难易程度、黏度、化学稳定性、可逆性、安全性等指标，并根据具体的文物情况和修复要求选择合适的黏结剂。

1. 黏结强度

黏结剂必须能够将碎片牢固地拼合在一起，但它不能过于坚硬，通常不能高于陶瓷材料的强度，确保当黏结层受力时，断裂不会发生在原器上，以免出现新的损伤。

2. 颜色和透明度

对釉色淡或者透明的器物来说，理想的黏结剂应为无色透明或水白色，并且不易变色。环氧树脂容易变黄，丙烯酸酯树脂的颜色比较持久。

3. 固化时间及操作难易度

黏结剂分为快速和非快速两种，前者如 502 胶几分钟就可以固化，而普通环氧树脂黏结剂需要 10h—20h 甚至更长时间才能达到完全固化。

4. 可逆性

通常要选择那些可以被移除而不会伤害器物的黏结剂。热塑性树脂黏结剂如丙烯酸酯树脂、硝基纤维素等可以用丙酮等有机溶解清除，但是热固性树脂黏结剂，如环氧树脂，无法用普通溶剂溶解，要用甲酸溶胀或者通过水浴加热溶胀后方能清除。

5. 黏度

孔隙率高的陶瓷器要选择黏度较高的黏结剂，黏度低的黏结剂会迅速渗入碎片断面，无法实现很好的胶结，还会加深碎片边缘的颜色，污损器物表面。

6. 化学稳定性

黏结剂需要一定的抗老化性能，同时还要考虑抗霉、抗虫、毒性、价格、有效期、便利性等方面，并结合具体的文物本体信息以及病害情况做综合考虑。

7. 安全性

必须无毒、无污染、绿色环保，对陶瓷文物无腐蚀或侵蚀作用。

（二）黏结剂的筛选要求

1. 根据产品特性筛选出符合条件的黏结剂；

2. 需要对不同陶瓷文物的组成与性能进行综合研究；

3. 将陶瓷文物物理化性能数据与初步筛选出的黏结剂数据进行比较；

4. 对初步筛选出的黏结剂进行黏结实验，测试黏结剂与被黏结界面的应力；

5. 筛选黏结剂时，首先要考虑黏结剂的老化性能、陶瓷胎体的强度，也就是黏结力自身的强度应等于或略小于陶瓷文物本体强度；

7. 黏结剂自身的理化性能优劣；

8. 通过对比黏结剂的理化性能，并结合陶瓷文物修复理念、黏结实验，最终筛选出合适的黏结剂。

（三）常用黏结剂

古陶瓷修复中常用的黏结剂为树脂黏结剂，它可以分为热塑型和热固型。热塑型树脂空间结构为层状结构，可以在溶剂中溶解。它一般粘接强度较小，性质不太稳定，受温湿度影响较大，但是它溶于溶剂中，便于调整陶器残片的相互位置。因此热塑性树脂多用于多孔的、脆弱的彩绘陶器，也适用于小片残破陶器的粘接。

热固型树脂为空间立体结构，不溶于任何溶液中。热固型树脂粘接强度大，性质稳定，老化期长。但这种树脂受温湿度的影响大，随着温度的上升而固化时间减少，多用于大型陶器、瓷器的粘接。

同时需要注意的是：用热固型树脂作为黏结剂，因其具有不可逆性，所以粘接后一般很难打开；并且这种树脂粘接强度大，其粘接力大于陶器本身的强度，因此很容易在粘接处两边造成新的断裂。所以热固型树脂一般用于大型陶器、瓷器的粘接。

1. 环氧树脂黏结剂（热固型）

环氧树脂黏结剂广泛适用于高温瓷器的粘接。它是由环氧树脂与固化剂按比例调配而成，环氧树脂黏结剂本身是线形结构的热塑性高分子，每个分子结构内含有两个或多个以上的环氧基团，当与固化剂反应时，环氧基团的环状结构被打开，发生一系列的聚合反应，形成分子交联成长链网状分子，成为不溶、不熔的热固性树脂。

优点：机械强度（抗拉强度、抗弯强度、抗剪强度、抗冲强度）高，物化性能稳定，耐酸碱，较耐热，防水，防霉；固化过程不用高温，不产生过多热量或其他副产品，收缩率小，不会因为材料收缩而损伤文物；施工工艺灵活多样，能加入填料、添加剂、稀释剂等，适应粘接、浇注等操作需要。

缺点：为不溶、不熔的热固性树脂，可逆性较差，在光照作用下，容易变色泛黄。

环氧树脂黏结剂比较适合陶瓷文物修复，其综合性能优势明显。对陶质文物修复来说，黏结剂需用中等环氧值（0.25—0.45）的树脂（环氧值指的是 100 克环氧树脂中环氧基占比），用于补缺材料时选用中等环氧树脂（0.30—0.45）的树脂，用于做旧材料时选用低环氧树脂（< 0.25）的树脂。环氧值过高的树脂强度较大，但较脆；环氧值中等的树脂在高低温度时强度均好；环氧值低的在高温时强度差些。强度和交联度的大小有关，环氧值高的固化后交联度高，环氧值低的固化后交联度低，故会引起强度上的差异。因此陶质文物粘接时黏结剂要符合在高、低温时强度均好的

属性。陶质文物不需要耐高温，对强度要求也不大。希望环氧树脂能快干，不易流失，可选择环氧值较低的树脂；希望渗透性好、强度较好的，可选择环氧值中等或较高的树脂。

在固化剂的选择上，因为陶瓷文物修复通常是在常温或较低温条件下固化，所以一般选用胺类固化剂。影响环氧树脂固化时间的一个重要数值是固化剂中的胺值，胺值反映了固化剂反应活性，胺值越高，活性越强，固化时间越短。为了更好地满足现代陶瓷器文物修复的新理念和新要求，人们会在环氧树脂中添加改性剂，改性剂的作用是为了改善环氧树脂的鞣性，抗剪、抗弯、抗冲击性，提高绝缘性等。一般来说，改性剂用量越多，柔性就越大，但胶的热变性温度就相应下降。

一般来说，粘接大型陶质类文物适合使用抗拉强度高（MPa）的环氧树脂，中小型器物则可以选择抗拉强度较低的，但一定要在陶质文物抗拉强度的最低范围内。不同环氧树脂的性能有较大的差异，要根据其抗拉强度大小、固化时间、渗透性能等不同性能参数来选择合适的环氧树脂运用到具体的陶瓷器文物的修复中。具体操作时要注意以下几点。

（1）安全防护

长时间接触胶液，皮肤会产生轻度过敏，有轻度痒痛，故操作时应戴防护手套。环氧树脂在调配过程中会产生氨等有效物质，使用时建议在通风条件好的修复室或通风橱中进行，并佩戴防护口罩。如不小心粘到皮肤，应及时用酒精、丙酮擦去，并用清洗剂、清水冲洗干净。

（2）精准调配

（请扫描版权页上二维码，观看教学视频）

不同的黏结剂，其环氧树脂与固化剂的比例不同，产生的粘接效果不同，故应根据具体产品进行精准调配。调配时应使用电子天平，以确保调配比例的准确，调配完成以后应充分搅拌均匀。

（3）调配注意事项

不同的黏结剂的固化时间不同，所以要根据不同的修复要求，控制好调配时间，尽量在可控的时间内使用完成，防止黏结剂在未操作完前就已固化。调配搅拌完成以后可进行抽真空处理，以减少调胶中的气泡。渗透性较好的环氧树脂黏结剂可在调配完成以后静置一段时间以降低其渗透性，黏稠度达到一定要求时可用于粘接。对残断面裂隙较大的陶瓷器，可在环氧树脂黏结剂调配液中适当加入滑石粉、玻璃微珠等调和，以增加粘接效果。也可添加矿物颜色粉，调配合适的颜色用于陶瓷类文物的粘接中，提高修复效果。固化过程中，应及时清洁使用的容器及用具，以免黏结剂凝固在器具、工具及陶瓷器的表面上。

2. 丙烯酸酯树脂黏结剂（热塑型）

丙烯酸酯树脂是文物保护常用的热塑性树脂，由丙烯酸或甲基丙烯酸酯为主要原料合成，丙烯酸酯和甲基丙烯酸酯单体分别是由丙烯酸和甲基丙烯酸酯化而成。丙烯酸酯树脂无色透明，具有优良的光、热和化学稳定性。其中，聚甲基丙烯酸甲酯（即有机玻璃）的抗紫外能力最为突出。甲基丙烯酸甲酯常被用于丙烯酸酯等聚合物中，以改善材料的耐光老化的能力。

（1）Paraloid B–72（以下简称“B–72”）

该材料是被广泛使用在各类文物保护、修复领域中的专用黏结剂、加固剂，是以甲基丙烯酸乙酯和丙烯酸甲酯的共聚物为主要成分的热塑性树脂。该产品为固体颗粒，化学式见图 2–30，一般使用乙酸乙酯、丙酮等溶剂进行溶解，溶剂挥发以后干燥固化。该产品可以根据不同的修复要求进行不同浓度的配比。目前常用 3%—10% B–72 / 乙酸乙酯溶液作为陶瓷器粘接前的隔离层，其目的一是对残断面进行渗透加固；二是对黏结剂与粘接面进行隔离，便于以后需要时再次打开残断面，以符合文物可再处理性的原则。涂刷时先用低浓度，再用中等浓度进行可逆层处理，注意涂刷试剂应尽量薄，如涂刷得较厚会影响到粘接的效果。待处理层完全干燥以后，再涂刷黏结剂进行粘接，以备将来有更新更好的材料予以替换。目前常用 20% 的 B–72 / 乙酸乙酯溶液作为陶器黏结剂，但其抗拉强度较低，仅适用于陶质酥松的中小型器物。

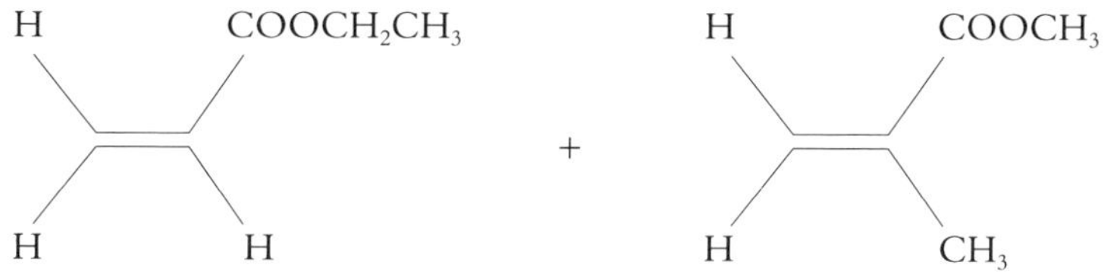

图 2–30　B–72 化学式

（2）Paraloid B–44（以下用简称“B–44”）

该材料为甲基丙烯酸酯聚合物，固化后具备良好的硬度、透明度和粘接力，玻璃化温度 60℃，适合于炎热的地区，但是渗透性不如 B–72。为获得较好的粘接效果，可先使用浓度低的 B–44 或 B–72 / 乙酸乙酯溶液润湿粘接面，然后再使用 40% 的 B–44 丙酮溶液粘接。

3. 其他黏结剂

（1）α – 氰基丙烯酸黏结剂

α – 氰基丙烯酸黏结剂为无色透明的快速黏结剂，固化时间快，操作方便。但它黏性不持久，一般几年内就会脱落失效，且胶水粘接力有限，渗透性太强，不适合粘接自重大的陶瓷器或者孔隙率高的陶器。因此，α – 氰基丙烯酸黏结剂主要用于紧急状况下的快速临时性粘接。在使用环氧树脂黏结剂等固化速度慢的黏结剂时，如果使用玻璃胶带固定位置很困难，可以局部使用 α－氰基丙烯酸黏结剂，以辅助固定。

使用方法：以 502 胶为例，它化学名叫 α－氰基丙烯酸乙酯，属于瞬间黏结剂。市售商品为无色透明的稀薄液体，在使用后等 1min—2min 溶剂挥发后即可，但粘接强度有限，通常一年内自动脱胶。502 胶应该储放在阴凉处或冰箱里，它在光照或者碱性环境下会迅速固化失效。使用前，先将碎片上面的油污和灰尘清洗干净，然后利用胶带等手段固定好碎片，使茬口弥合完全，接着把 502 胶沿着接缝滴下来，使胶液流过整个接缝且渗入其中即可。

（2）热熔胶

热熔胶的主要成分是乙烯－醋酸乙烯酯和松香甘油酯。热熔胶主要用于粘接中的临时固定，一般配合其他黏结剂使用，使用方法主要分为以下两种。

①作为黏结剂使用

用热熔枪或者酒精灯把它加热到 120℃—160℃，熔融后热涂在陶瓷器碎片的断口表面，将其迅速粘接，冷却后瞬间固化。这种黏结剂主要用于考古工地对陶瓷器的暂时固定，因为其渗透性较差，熔融后的液体黏稠，一般适合临时粘接一些大型的陶器。

②作为临时固定材料

在粘接陶瓷器碎片的时候，有的碎片大、重、多，常用的黏结剂完全固化时间较长，在未固化之前，粘接力较弱，为了使粘接的碎片不变形、错位，需要用热熔胶对粘接部位进行临时加固。使用的时候，先用热熔枪或者酒精灯加热到 120℃—160℃，熔融后热涂在陶瓷器碎片的粘接处，并根据具体的粘接情况，选择合适的点涂点和点涂量，等其冷却固化（5s 左右），可用手术刀剔除残留在器物表面的热熔胶。由于其具有较强的粘接强度，临时固定时一般用在釉面坚硬的瓷器上，不适合胎质酥松的陶制文物。

（3）其他黏结剂

聚醋酸乙烯酯黏结剂、硝基纤维素黏结剂、聚乙烯醇缩丁醛等。

三、常用加固材料

陶瓷类文物因其自身的原料、烧造工艺以及外部复杂的环境，往往会受到各种损伤，特别是陶质类文物，因暴露在自然环境中，经受风化、风蚀、雨蚀、污染、霉变，以及受到温湿度反复变化、环境中可溶盐的影响，文物本体材料损毁速度相当快，从而导致陶质文物的胎质酥松、陶胎表面脱落、酥粉，彩绘陶质文物表面彩绘起翘、脱落。质地坚硬的瓷质文物受到外力作用，则会形成裂缝等病害。为了使这些陶瓷类文物能更好地保存，保证其安全性和稳定性，需要对其采取科学的加固措施，而加固剂的选择和使用是极为重要的。

（一）加固剂的选择

根据陶瓷类文物的特点，加固材料的选择应满足以下条件。

有效性：所使用的加固材料能满足加固的要求，具有一定的有效性。

安全性：保护材料本身不应对文物造成破坏，材料老化以后不应产生对文物有破坏的新物质。

耐老化性：包括抗紫外线能力、抗热性、抗微生物，具有一定的稳定性和耐老化性。

渗透性好：渗透性要好，黏度要低，能够深层渗透，穿过风化层，到达未风化层，能将风化层和未风化层连接起来。

不改变器物的颜色：所使用的材料不引起文物外观颜色和材料本身的变化。

可逆性和可再处理性：便于材料置换，使新的保护修复材料容易替换。

粘接性：能在内部或表面形成支撑性的结构组织，有效地提高文物的强度，具有较好的黏结力、附着力和相容性。

透气性：加固材料不堵塞文物空隙，不改变其透气性。

（二）常用的加固材料

1. 丙烯酸酯类

丙烯酸酯类均聚物或共聚物成膜性好，膜多呈透明状，并具有非湿润性、固化时间短、黄化率低、黏附力大、机械强度可控等特点，且发展很成熟，是目前应用范围很广的一类文物加固和保护材料。B–72是应用最为广泛的丙烯酸酯类保护材料。它为无色、透明颗粒，不溶于水，可溶于乙醇、乙酸乙酯、丙酮，可以调配成不同的浓度以处理不同的加固情况。一般使用1%—5%浓度的B–72对出现酥粉等病害的陶质胎体进行加固处理，加固的方法主要有毛笔涂刷、点滴法等；使用3%的B–72对陶质彩绘层（单纯颜料层）进行加固，加固方法主要有毛笔刷涂、点滴法等。

2. 乙烯基类

在陶瓷文物保护中用到的乙烯基类高分子材料主要有聚乙烯醇缩丁醛、聚醋酸乙烯酯、聚乙烯醇等。聚乙烯醇缩丁醛化学式为（$C_8H_{14}O_2$）n，溶于乙醇溶液，无色透明，性能稳定，耐水性强。使用2%浓度的聚乙烯醇缩丁醛乙醇溶液可以对干燥状态下陶质彩绘起翘松动花纹进行加固。聚醋酸乙烯酯使用方便，价格低廉，机械稳定性好，黏度可自由调节，是目前陶器加固中使用较多的一种材料。使用聚醋酸乙烯酯加固陶器，通常要求浓度为5%—15%，低浓度可增加其流动性，提高渗透深度。聚醋酸乙烯酯分为溶剂型和乳液型，其中溶剂型的溶剂为乙醇、丙酮等，乳液型的溶剂为水、乙醇。实际应用中，溶剂型树脂效果优于乳液型树脂，这是因为乳液型树脂中含有水，水分子极性大，向内渗透力大，挥发慢，在一定程度上阻碍了聚醋酸乙烯酯向内渗透，且乳液型树脂耐水性差，结合力弱。选择加固剂时，应根据具体的加固对象和加固要求，配制混合溶液对文物进行加固，从而达到更好的加固效果。

3. 聚乙二醇（PEG200）+ 聚氨酯乳液（PU）

陶质彩绘文物的彩绘层有时为生漆层或生漆层 + 颜料层的情况，需要使用聚乙二醇 + 聚氨酯乳液联合保护加固法。先用去离子水配制 30%、60%、80% 不同浓度的聚乙二醇溶液，用于漆层的软化与保湿。由于带有漆层的彩绘层需要在潮湿的情况下进行加固处理，因此应使用溶液型的加固剂聚氨酯乳液，用去离子水将加固剂稀释，稀释后浓度为 3%—5%。

起翘漆层的加固方法为第一步将 30% 的聚乙二醇滴在脱脂棉上，把脱脂棉敷在起翘的漆层上，并用保鲜膜包裹保湿，待漆层湿润后，使用 5% 的聚氨酯乳液加固彩绘层，第二步、第三步分别用 60%、80% 的聚乙二醇继续进行保湿，未起翘的漆层或漆层较为牢固的，可直接用 3%—5% 的聚氨酯乳液进行加固处理。

4. 环氧树脂黏结剂

环氧树脂黏结剂广泛适用于高温瓷器的粘接，它由环氧树脂与固化剂按比例调配而成。环氧树脂黏结剂本身是线形结构的热塑性高分子，每个分子结构内含有两个或多个以上的环氧基团，当与固化剂反应时，环氧基团的环状结构被打开，发生一系列的聚合反应，形成分子交联成长链网状分子，成为不溶、不熔的热固性树脂。环氧树脂类黏结剂不仅可用于陶瓷器的粘接，还可用于瓷器裂缝、冲线、惊纹等病害的加固。为了能将加固剂渗透到瓷器裂缝这种细小的缝隙中，应选择渗透性较好的环氧树脂，如果使用的环氧树脂较为黏稠，可使用乙醇将其稀释以增加其流动性。一般将调配好的环氧树脂加固溶液用毛笔蘸取以后涂刷在裂缝表面，可根据具体情况多涂刷几遍，使其完全渗透进裂缝，达到加固的效果。

表 2–3：加固材料的适用对象和浓度（参考）

材料名称	适用对象	浓度
B–72 丙烯酸酯树脂	陶器酥粉	1%—5%
	陶质彩绘层	3%
聚乙烯醇缩丁醛乙醇溶液	干燥状态下陶质彩绘起翘松动花纹	2%
聚醋酸乙烯酯	陶器	5%—15%
聚乙二醇 + 聚氨酯乳液	秦俑彩绘	第一步：30% 聚乙二醇 +3% 聚氨酯乳液 第二步：60% 聚乙二醇 +5% 聚氨酯乳液 第三步：80% 聚乙二醇
环氧树脂 Araldite2020	瓷器上的惊纹、裂缝	100%

四、常用补配材料

“补配”二字可拆分来看。补即补全缺失部分，配即找到补全所使用的材料。这一步骤的目的有两方面：其一是复原文物器型，恢复文物原貌，展现其蕴含的价值；其二使文物达到整体结构稳定，避免缺损部分因环境的不利影响而产生新的病害。现阶段古陶瓷修复中的补配材料主要包括以下几大类：第一是石膏，第二是黏结剂、填补材料、矿物色粉组成的复合材料，第三是环氧补土、原子灰等补配材料，第四是瓷配瓷、3D 打印配件。

（一）补配材料的选择

可塑性：补配材料可以塑形、浇注，以加工成所需形状。

易固化性：在室温下易于固化，且固化所需时间不长。

可调整性：填补材料可以加入填料、颜料等以接近器物的颜色，同时硬度与原器物接近，便于调整打磨。

安全性：该产品自身安全、无毒、环保，且对文物本体不产生不良影响。

黏合性：填补材料能与原器物具有较好的黏合效果，且固化以后不影响后续上色材料与补配材料间的附着力。

稳定性：固化后无明显收缩，热膨胀系数与原器物接近，具有一定的耐老化能力。

可逆性：补配材料需要一定的可逆性和可再处理性。

（二）常用的补配材料

1. 石膏

目前石膏作为补配材料在文物修复领域十分常见。石膏具有成本低廉、易于购买、没有毒害、原料易得、易于修整、强度较大、塑形相对简单等优点，在陶瓷类文物的修复中有着广泛的应用。一般所提到的石膏泛指生石膏（二水石膏）和硬石膏（无水石膏）两种矿物质，生石膏的莫氏硬度为 2，密度为 2.3g/cm^3，硬石膏的莫氏硬度为 3—3.5，密度为 2.8 g/cm^3—3.0 g/cm^3。天然生石膏在加工时随着温度和压力等条件不同，会形成两种不同的石膏：α 型半水石膏和 β 型半水石膏。如今市场上的石膏种类因为不同的制作工艺和用途，可以分为模型石膏、牙科石膏、建筑石膏、GRE 石膏等。相关的研究发现，牙科石膏抗折度、硬度以及抗冲击性能较好，且老化前后对比变化较小，比较适合用于陶瓷修复的补配之中。在配制石膏体浆体时，需要考虑水固比、搅拌时间、环境温度、固化时间等因素，这些都会影响最终的石膏补配效果。因为石膏强度比其他补配材料低，又容易受温湿度影响，所以往往作为考古修复的补配材料。

使用方法：使用前必须充分了解所使用的石膏的固化时间和硬度。先在橡胶碗中倒入一定量的水，将石膏粉末均匀地撒入水中，直至石膏粉末与水面齐平时停止；

使用调刀对石膏溶液进行搅拌，然后慢慢倒入已经翻好模的外范，待石膏完全干燥后，取下外范即可。

2. 复合材料

目前来说，以陈列修复为目的的古陶瓷修复的补配环节，采用的补配材料主要是黏结剂、填料、色粉调和而成的复合补配材料，具有较长的塑形时间，同时可以根据不同的填料来相应调整硬度，以此来满足修复不同陶瓷文物的要求，便于打磨整形，同时具有较好的稳定性。

（1）黏结剂

①环氧树脂黏结剂

②丙烯酸酯树脂黏结剂

（2）填料

①滑石粉

滑石粉也叫氢氧化硅酸镁，分子式为 $MgSiO_3(OH)_2$，比重为 2.7—2.8，莫氏硬度为 1。滑石粉为白色、浅灰色或浅黄色粉末，玻璃光泽，质地柔软有滑腻感，化学性质稳定，有较好的耐酸碱性、耐火性、绝热性和电绝缘性。古陶瓷修复中一般选用白色的滑石粉，同时也有不同粗细目数规格的滑石粉，可根据具体的修复情况进行选择。一般来说，目数越高，滑石粉粉末越细腻，打磨成型的补配件越光滑。应注意密封保存，以避免受潮，从而影响使用效果。

②纳米二氧化硅

纳米二氧化硅是一种无机化工材料，俗称白炭黑。它由于是超细纳米级，尺寸范围在 1nm—100nm，因此具有许多独特的性质，如具有对抗紫外线的光学性能，能提高其他材料抗老化、强度和耐化学性能。纳米二氧化硅为无定形白色粉末，无毒、无味、无污染，微结构球形，呈絮状和网状的准颗粒结构，分子式和结构式为 SiO_2，不溶于水。纳米二氧化硅因其颗粒微小，使用时需要注意做好防护措施，避免吸入口鼻。纳米二氧化硅与环氧树脂调和成的复合材料固化以后具有半透明的效果，能模拟瓷器釉色的质感。

③玻璃微珠

该产品由硼硅酸盐原料经高科技加工而成，颜色纯白，粒度为 10μm—250μm，壁厚 1μm—2μm。该产品具有质轻、低导热、较高的强度、良好的化学稳定性等特点，其表面经过特殊处理，具有亲油憎水性能，非常容易分散于有机材料体系中，可填充于大多数热固、热塑性树脂中。其比重轻，玻璃微珠的密度是传统填充料微粒密度的十几分之一，填充后可大大减轻产品的基重，比较适合作为陶制文物补配中的填充材料。

④其他的填充材料

其他的填充材料有碳酸钙、石膏、瓷粉、陶粉等。其中陶粉作为填充材料，具有较强的透气性，所以一般用作陶质文物补配材料中的填充剂。

（3）颜色粉

考虑到综合颜料的耐光性以及颜料变色的诸多原因，为保证颜料层的色泽，避免修复部分的变色，应尽可能选择无机颜料。考虑到使用的安全性，还需要排除一些对人体有害的颜料，因此可在古陶瓷修复中使用的颜料包括如下几种。

白色颜料：钛白（TiO_2）、锌钛白（TiO_2、ZnO）。

黄色颜料：铁黄（$Fe_2O_3 \cdot H_2O$）、镉黄（CdS）、钛镍黄（Ti–Ni–Sb–O）。

红色颜料：铁红（Fe_2O_3）、镉红（$CdS/CdSe$）。

绿色颜料：氧化铬绿（Cr_2O_3）、氧化翠铬绿、灰绿 [$Fe(OH)_2+Fe(OH)_3$]。

蓝色颜料：群青（$Na_6Al_4Si_6S_4O_{20}$）、铁蓝 {$Fe_4[Fe(CN)_6]_3$}、钴蓝 [$Co(AlO_2)_2$]。

棕色颜料：氧化铁棕 [（Fe_2O_3+FeO）$\cdot nH_2O$]、赭石（Fe_2O_3）、马斯棕、生褐、熟褐、深赭。

黑色颜料：炭黑（C）、氧化铁黑（Fe_3O_4）。

矿物颜料的主要作用是丰富补配复合材料的颜色，从而满足不用颜色的陶瓷器文物补配的需求，提高补配的效果。

3. 填充补土

填充补土是一种复合材料，其用途主要是消除器物表面划痕和瑕疵，在古陶瓷修复的实际运用中，一些细小缺口和造型上的微小调整也可以使用填充补土进行操作。填充补土根据材料的不同会有三种使用方式，分别为普通补土方式、塑性补土方式和水补土方式。其中水补土方式与着色材料的使用方式一致，故在此处不作赘述；普通补土方式是将补土直接填入磨损处，通过外力挤压填入，达到补缺目的；而塑性补土在使用方式上与普通补土类似，唯一的不同在于塑性补土的塑造能力较强，可以进行简单雕刻，因此在造型调整时可以用塑性补土进行操作。

4. 其他的补配材料

（1）瓷配瓷

瓷配瓷方法是指修复瓷器缺少的部分时，按照瓷器原来的烧造工艺重新烧造瓷片，并用黏结剂粘接在缺损部位的补配方法。这种补配方法难度较大，因为需要熟悉原有瓷器的烧造工艺，包括窑口特点、胎质成分和密度、彩和釉的配方，同时需要解决烧造后瓷片的收缩比例、新瓷与旧瓷的断面衔接处理和做旧等一系列技术问题。

（2）3D 打印技术

3D 打印技术是指首先扫描文物原件，然后在电脑中将补配位置进行建模，并对接口处进行计算，使数字模型可以与补配位置严丝合缝，之后再利用 3D 打印技术将模型打印，成功制作出补配件。3D 打印所使用的一般为树脂材料，不同的树脂材料之间也存在差异，选择时主要考虑其精度、成本和耐老化性。目前的 3D 打印技术打印出的补配材料能较好地满足相应的要求，提高了修复的效率，但其价格较为昂贵。

五、常用翻模材料

古陶瓷是一种立体造型的文物，其器型种类丰富多样，外力往往会导致其破碎，并且伴随着碎片的遗失。这就导致粘接完成的古陶瓷文物有部分缺损，对于这些缺损，文物修复师往往会利用陶瓷文物的器型对称性和器型普遍性的特点，借助翻模材料对原有位置进行翻模，形成外范以后再移至缺损处，用补配材料进行填充，达到补配的目的。

（一）翻模材料的选择

1. 安全性：翻模材料本身对陶瓷文物的本体不造成伤害。

2. 可操作性：使用的翻模材料应该方便操作，同时在操作过程中不会影响陶瓷文物本体。

3. 有效性：使用的翻模材料能满足补配的要求，对翻模出的原器物造型、纹饰具有一定的精细度，能达到翻模效果。

（二）常见的翻模材料

1. 红白打样膏

红白打样膏主要用于口腔科的牙科取模材料，是一种加热软化、冷却后硬固的可逆非弹性印模材料，主要由萜二烯树脂和其他辅助材料如硬脂酸、滑石粉、锌钡白等组成。打样膏的软化温度为55℃—70℃，硬固时间为2min—7min。打样膏在软化的过程中，需要浸泡一段时间，内外都达到软化时方可使用。它加热后可塑性好并且硬固时间短，印取模型较清晰，可重复利用，并具有一定的可逆性，常被用作瓷器类文物修复中的翻模材料。在实施过程中，需要使用脱模剂（凡士林等）防止打样膏粘连器物，从而导致器物损伤，同时应尽量避免使用红色打样膏，以免红色颜料污染器物及翻模配件。因为打样膏中的硬脂肪酸会随着操作次数的增加而成分丢失，造成材料趋于硬化，影响翻模效果，所以需要及时更换。打样膏适合缺损面积较大的瓷器。

使用方法：打样膏翻模时需要注意和待翻模瓷器表面的贴合度，首先需要将软化的打样膏充分揉搓紧实，然后用手轻轻按压于待翻模的器物表面，使软化的打样膏吻合器物形状，不要留有孔隙，等完全硬固以后取下。

其他的相似材料有树脂可塑土、树脂可塑板。

2. 红蜡片、蜂蜡

采用蜡原料制成，其主要由石蜡、微晶蜡、卡那巴蜡组成，适用于翻模的蜡片颜色应一致，厚度应均匀，材质光滑无异物。蜡在被加热时，应均匀地软化而不呈碎屑状和层片剥落，在 23℃（±2℃）时蜡易于用锋利器具修整，而不会出现撕碎、碎屑或层片剥落等现象。在翻模时蜡不能有残渣，着色剂不与蜡分离，也不侵入补配材料或器物中。蜡片制模时，由于材料厚度限制，一般会把蜡片叠加起来用，这样可以增加厚度，保证翻模时的准确性，一般 2—3 片叠加。红蜡片适合小面积翻模。蜡片需要均匀受热，保持表面光滑，温度在 23℃左右时易于用手术刀进行修整。

使用方法：红蜡片可以直接附着造型进行形状翻制，取下后使用美纹纸或透明胶带纸在补缺处进行固定，之后就可以进行补配材料填充。蜂蜡需要先用热水进行加热，成液体状后倒入平面或者水面中进行冷却凝固，达到微微软化的凝固状态时即可取出进行翻模，翻制成功后移至补配处并使用夹子进行固定，之后就可以进行补配材料的填充了。

3. 硅橡胶

硅橡胶是由二甲基硅氧烷与其他有机硅单体在酸性或碱性催化剂的作用下，聚合而成的一种线性高分子弹性体。双组份缩合型室温硫化硅橡胶是最常见的一种室温硫化硅橡胶，在交联剂和催化剂的作用下于室温或稍加热即可呈白色黏稠状液体，其生胶通常是羟基封端的聚二甲基硅氧烷，简称 RTV–2，可以通过控制固化剂剂量来决定硫化时间。其流动性好，黏度低，容易操作，收缩率小，耐高温，耐酸碱，不变形，拉力好，适合对陶瓷类文物的部件（足、把等）以及精美的刻花纹饰、器物表面的浮雕图案进行翻模，精度高，仿真效果好。

4. 石膏

主要化学成分为硫酸钙的水合物，微溶于水。石膏作为一种传统的翻模材料，广泛应用于文物修复中的翻模步骤中。

使用方法：在文物表面涂抹脱模剂，利用油泥将翻模处周围围住；准备好后调制石膏，先加入水，后均匀撒入石膏粉，直至粉末与水面持平或微微高于水平，之后再使用调刀进行搅拌，制成石膏液。制备完成后将石膏液浇注在翻模处，一般分三个面，每浇注完一个面后需要用刀刻出卡口，面与面之间也需要涂抹脱模剂。模具依次制作完成后得到翻模石膏，翻模结束。

5. 胶带纸

胶带纸适用于小面积的翻模，一般用于面积小于 $1cm^2$ 的补缺区域。

使用方法：使用美纹胶带纸贴在文物缺损部位的一侧，粘贴的时候要注意文物本身的弧度，粘贴牢固以后，将调配好的补配材料涂抹在补缺处，完全固化好即可取下胶带纸，翻模结束。

六、常用着色材料

着色材料主要用于古陶瓷修复中的着色环节，主要有三大类：仿釉基料、着色剂、稀释剂。其中仿釉基料不仅可以作为陶瓷器修复中的仿釉材料，而且可与着色剂联合使用。着色剂主要用于呈色，可调配出与器物胎釉、纹饰接近的颜色，其中部分着色剂需要与仿釉基料一起使用，才能满足着色条件。稀释剂主要用于对仿釉基料、着色剂的溶解稀释，以满足操作的要求。

（一）着色材料的选择

安全性：产品自身的安全性，需要满足一定的环保要求。在文物上施加着色材料以后，不会对原器物造成损伤。

附着性：着色材料有较强的附着力，不易脱落。

可逆性：着色材料能有效地去除并替换。

稳定性：在自然环境状态下，着色材料能保持材料的物理、化学性能的稳定，达到不变色、无变形、不起翘的效果。

与文物兼容性：着色材料的膨胀系数、疏水性、机械性能、光泽度能与原器物相匹配。

（二）常见的着色材料

1. 仿釉基料

（1）硝基清漆

在古陶瓷修复中，目前常用的仿釉材料种类为硝基清漆，需要配合使用乙酸乙酯等稀释剂。硝基清漆具有干燥速度快、可操作方式多样、硬度高、光泽度好、釉面可叠加多次、可添加矿物色粉调配颜色、附着性强、流平性好、可逆性强、底漆易打磨、固化后可用有机溶剂涂擦、一次调配可反复溶解使用等优点。但硝基清漆气味大，配合硝基清漆使用的稀释剂具有刺激性气味和一定毒性，且易挥发，在操作过程中需要做好个人防护措施，同时操作空间应设有通风设备。

（2）羟基丙烯酸共聚物

羟基丙烯酸共聚物由三个部分组成，分别是光油、固化剂、稀释剂。该仿釉材料的配制，需要按照一定比例配比。具体比例为光油：稀释剂：固化剂 =1 ：2 ：0.5。羟基丙烯酸共聚物具有十分优秀的抗老化性能，釉质感强，能够准确模拟出瓷器表面的釉质感，可操作性强，光泽度好，可逆性强，釉面固化后可用配套稀释剂擦除，可多次叠加釉层，附着力强。羟基丙烯酸共聚物在配制溶液时必须严格按照比例，溶液静置时间超过 72h 以上，容易出现絮状物及凝固的现象，要随用随配。羟基丙烯酸共聚物的釉面固化时间略长，需要 24h 才能完全干燥成膜。

（3）丙烯酸树脂清漆

在古陶瓷修复中，丙烯酸漆逐渐取代硝基清漆的位置，成为陶瓷修复的主要的仿釉材料。丙烯酸漆有十分优越的抗老化性能。丙烯酸漆的釉质感强，能够准确模拟出瓷器表面的釉质感。丙烯酸漆的透明度高，可操作性强，光泽度好，可多次叠加釉层，附着力强。它有气压喷瓶的包装，更加方便修复者使用。它在正常室温下干燥固化时间较长，影响修复效率。

（4）丙烯酸类聚合物

主要的产品有 Golden 牌瓷器修复光油，是一种专门为瓷器设计的丙烯酸类聚合物，毒性远远低于传统溶剂型仿釉材料。该材料干燥速度快，透明度高，涂层硬度高，可逆性好，可使用氨水去除，可以用水作为溶剂，具有绿色环保的特点。它干燥后不溶于水，可叠加釉层，底漆干燥后易打磨，可操作性强，适合用喷绘法、笔涂法、弹绘法进行着色上釉，具有一定的耐老化性能。但丙烯酸类聚合物在正常室温下干燥固化时间较长，需要配合吹风机、干燥箱等加快其固化。

（5）丙烯酸聚氨酯清漆

丙烯酸聚氨酯清漆，又称为 2K 漆，因其固化以后硬度较大，比较多地应用于商业性的古陶瓷修复中。它是双组份的丙烯酸聚氨酯涂料，分为清漆、固化剂两部分，需要配合有机溶剂一起使用。不同品牌的丙烯酸聚氨酯清漆，其清漆与固化剂的比例略有不同。该清漆可以加入矿物质色粉，物理机械性能好，涂膜坚硬，色泽光亮、附着力强，可打磨抛光，釉面可叠加多次，具有较强的耐腐蚀等特点。它具有一定的可逆性，可用二氯甲烷类的脱漆剂溶胀后清除。但由于聚氨酯类产品含二甲苯等有毒溶剂，使用的稀释剂具有刺激性气味和一定毒性，且易挥发，在操作过程中要做好个人防护措施，同时操作空间应设有通风设备。

2. 着色剂

（1）无机粉状颜料

无机颜料是以天然矿物或无机化合物制成的颜料。无机颜料是釉色金属的氧化物，可分为天然无机颜料和合成无机颜料。陶瓷文物修复中常用的白色颜料有钛白、锌钛白，黄色颜料有铁黄、镉黄、钛镍黄，红色颜料有铁红、镉红，绿色颜料有氧化铬绿、氧化翠铬绿、灰绿，蓝色颜料有群青、铁蓝、钴蓝，棕色颜料有氧化铁棕、赭石、马斯棕、生褐、熟褐、深赭，黑色颜料有炭黑、氧化铁黑，同时描金的器物也会用到各种不同的金粉、银粉。

（2）有机颜料

古陶瓷文物修复领域使用的颜料涉及油漆、丙烯颜料等，有机颜料指含有发色团和助色团的有机化合物，色泽鲜艳，着色力高，色谱齐全。仿釉基料中的硝基漆、丙烯酸聚氨酯漆、丙烯酸类聚合物、丙烯酸酯色漆都含有种类丰富的色漆，可作为古陶瓷修复中的着色剂，其特性与使用方法与仿釉基料中的同类型相似。

3. 稀释剂

稀释剂的作用是将涂料的成膜物质溶解或分散为液态，便于在着色时形成薄膜。不同的着色介质要配合不同的稀释剂或溶剂，例如丙烯画颜料可以用水来稀释。

思考题

1. 任选本节中三种加固材料或三种填充材料，根据其材料选择要求进行实验，归纳其优缺点，并思考每种材料相对适用对象，形成报告。

拓展阅读

[1]《博物馆学概论》，陈红京，高等教育出版社，2019

[2]《文物保存环境概论》，郭荣，科学出版社，2001

[3]《中国文物保护与修复技术》，中国文化遗产研究院，科学出版社，2009

[4]《文物修复和辨伪》，周宝中，大象出版社，2007

[5]《中国古代青铜器保护与修复》，张珮琛，上海人民美术出版社，2021

[6]《古陶瓷修复基础》，俞蕙、杨植震，复旦大学出版社，2016

[7]《无机化学丛书：无机结构化学》，周公度，科学出版社，1982

[8]《出土陶质彩绘文物保护关键技术研究》，秦始皇帝陵博物院，科学出版社 2014

[9]《中国陶质彩绘文物保护修复案例报告：青州香山汉墓》，刘江卫，科学出版社，2020

第三章
古陶瓷现状调查与档案记录

本章主要介绍了古陶瓷基本信息与保存现状、古陶瓷病害调查与评估、古陶瓷保护修复方案设计与档案建立。

第一节　古陶瓷基本信息与保存现状

一、文物基本信息

（一）基本信息

基本信息包括文物名称、总登记号、年代、级别、来源、尺寸、质量、类别、质地、收藏单位、入藏时间、文物描述及现状照片。

1. 类别质地

（1）品名（名称）：指该文物的名称，品名里面一般包含年代、窑口、釉料、纹饰、装饰工艺、器型等。例：

清代	景德镇窑	青花	花卉纹	碗
↓	↓	↓	↓	↓
年代	窑口	釉料	纹饰	器型

（2）质地：主要包含两大类，陶和瓷。

（3）藏品编号：一般指文物保管单位对文物进行的编号设定。

（4）考古编号：一般指考古单位对考古出土文物的编号设定。

（5）藏品等级：一般指文物保管单位对文物进行的评级设定。

（6）收藏单位：一般指拥有该文物所有权的单位。

（7）尺寸：包括口径（cm）、底径（cm）、高度（cm）、长度（cm）、厚度（cm）、重量（g）。

2. 来源背景

出土文物背景：包括出土文物的发掘地址、发掘时间、发掘出土的文物种类、发掘时的具体情况等。

文物流传信息：对于没有出土信息的文物，则应该了解其流传的信息以及入藏保护单位的具体情况。

（二）文物描述

文物描述是通过对陶瓷类文物的整体与局部的观察，针对陶瓷文物的器型、釉色、彩绘、纹饰、铭文、制作工艺等方面的一种概括性的描述。通过对这些要素的研究，文物修复人员可以进一步了解文物的自身信息，也为其价值的研究和进一步的保护修复提供重要的参考依据。

1. 器型

（1）器型：器物的外观形状。陶瓷器的器型一般指器物的口部、颈部、肩部、腹部、底部以及足部的形状，以此可判断其烧造的时代和窑口。

陶瓷类文物主要的器型：

瓶（图 3–1）：梅瓶、玉壶春瓶、贯耳瓶、葫芦瓶、蒜头瓶、天球瓶、胆瓶、柳叶瓶、棒槌瓶等；

壶（图 3–2）：执壶、鸡首壶、僧帽壶、提梁壶等；

罐（图 3–3）：盖罐、冬瓜罐、将军罐、蟋蟀罐等；

尊（图 3–4）：萝卜 / 莱菔尊、石榴尊、琵琶尊、马蹄尊、太白尊、苹果尊；

碗（图 3–5）：盖碗、孔明 / 诸葛碗、鸡心碗、笠式碗、高足碗、折沿碗等；

杯（图 3–6）：高足杯、海棠杯、卧足杯、鸡缸杯、压手杯等；

其他器型（图 3–7）：觚、洗、钵、水柱、渣斗等。

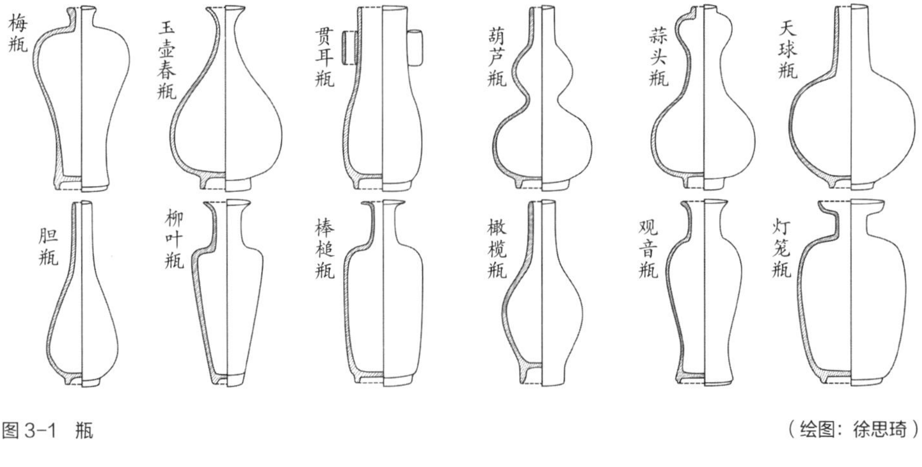

图 3–1　瓶　（绘图：徐思琦）

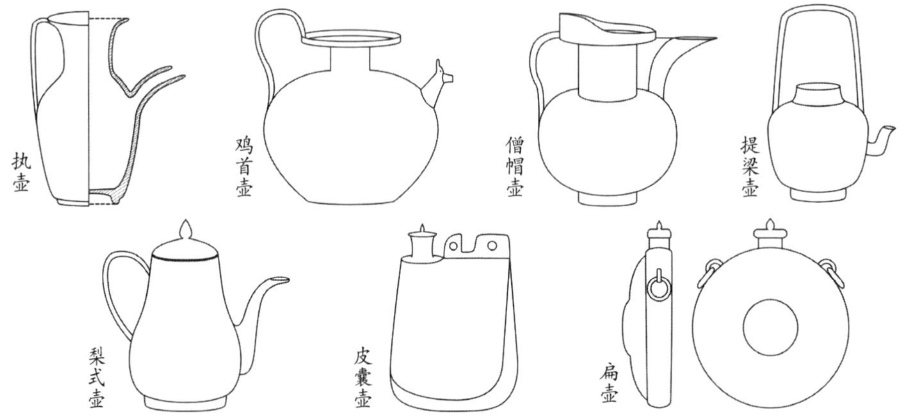

图 3-2　壶　　　　（绘图：徐思琦）

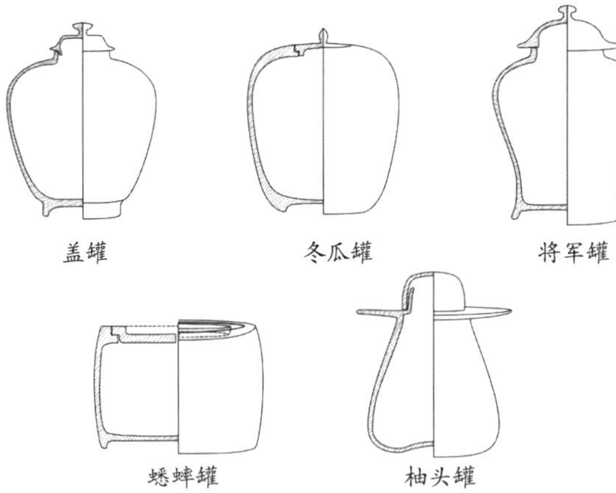

图 3-3　罐　　　　（绘图：徐思琦）

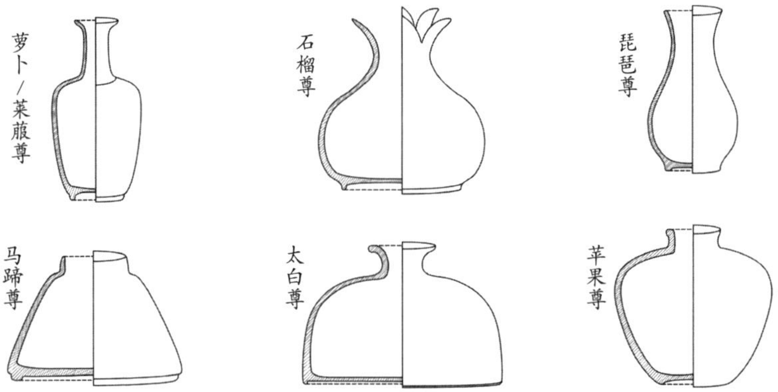

图 3-4　尊　　　　（绘图：徐思琦）

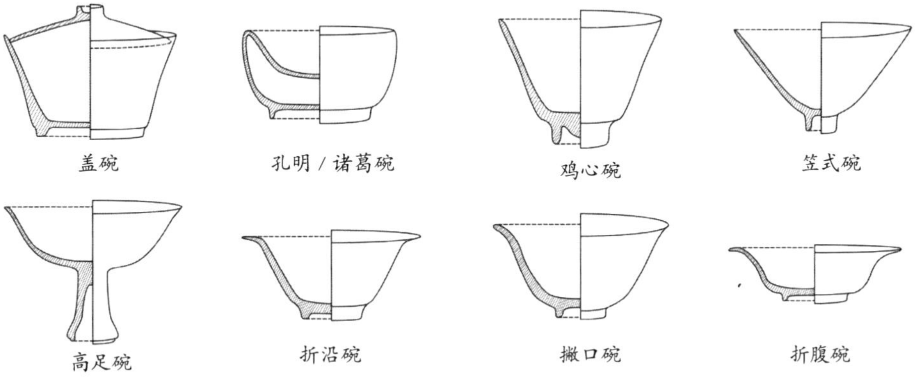

图 3-5　碗　　（绘图：徐思琦）

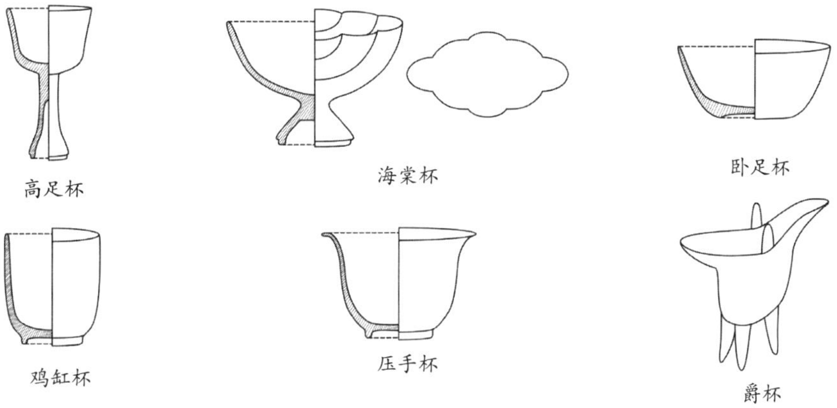

图 3-6　杯　　（绘图：徐思琦）

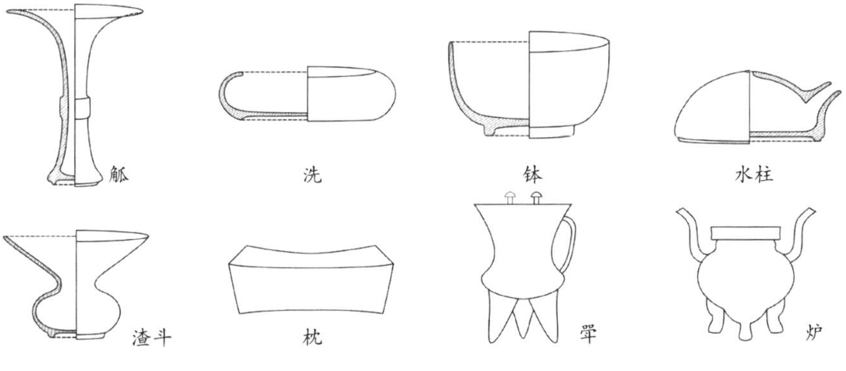

图 3-7　其他器型　　（绘图：徐思琦）

（2）陶瓷器各部位的名称（图 3–8）

1. 鋬 / 柄：指陶瓷器上用以手握的凸出部位，可以分为曲柄、直柄、环形柄等。

2. 口（图 3–9）：指陶瓷器口部及其边沿的统称，可分为大口（口径大于或等于腹径者）、小口（口径小于腹径者）、敛口（口沿部内敛者）、敞口（或曰“侈口”，即口沿部外侈者）、直口（口沿部垂直者）等。

3. 颈：指口与肩之间的部分，可分为长颈、短颈、粗颈、细颈等。

4. 流：指附着在口部便于倾倒液体的部分，可分为槽状和管状两种。常见的流有直流、曲流等。

5. 肩：指颈与腹部之间的部分，可分为圆肩、折肩等。

6. 腹：指肩以下至器底的部分，可分为直腹、鼓腹、球腹、曲腹等。

7. 足（图 3–12）：指陶瓷器底部以下的支撑部分，可分为圈足、卧足、假圈足、饼形足、高足等。

8. 底（图 3–11）：指器底，陶瓷器的最下部分，可分为平底、尖底、圆底等。

9. 盖：指可扣合在其他陶瓷器器口部分的部分。

10. 耳：指置于器物口部、颈部或连于颈、肩部的附加装饰物，可分为贯耳、龙耳、绶带耳等。

唇（图 3–10）：指器口边缘长出的部分，可分为平唇、卷唇、叠唇等。

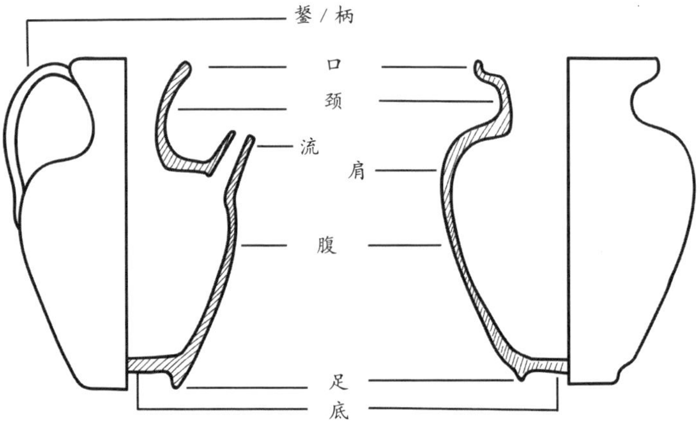

图 3–8　部位名称图

（绘图：徐思琦）

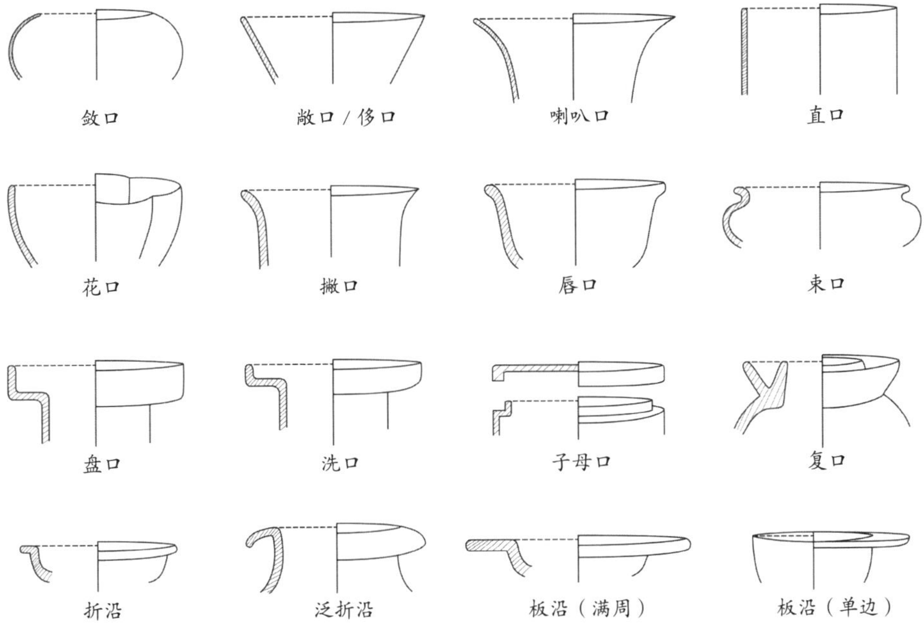

图3-9　口　　（绘图：徐思琦）

图3-10　唇　　（绘图：徐思琦）

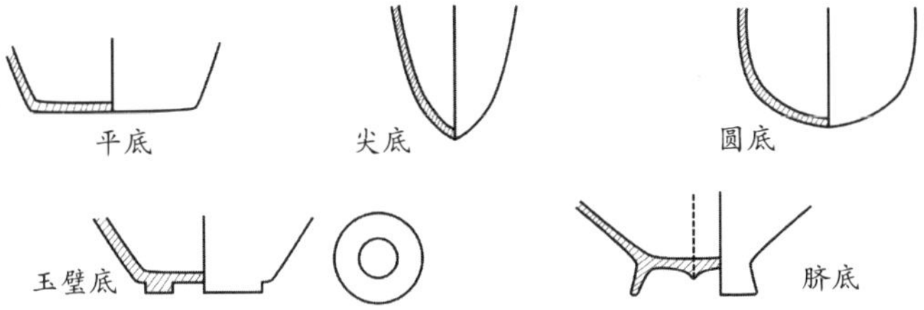

图3-11　底　　（绘图：徐思琦）

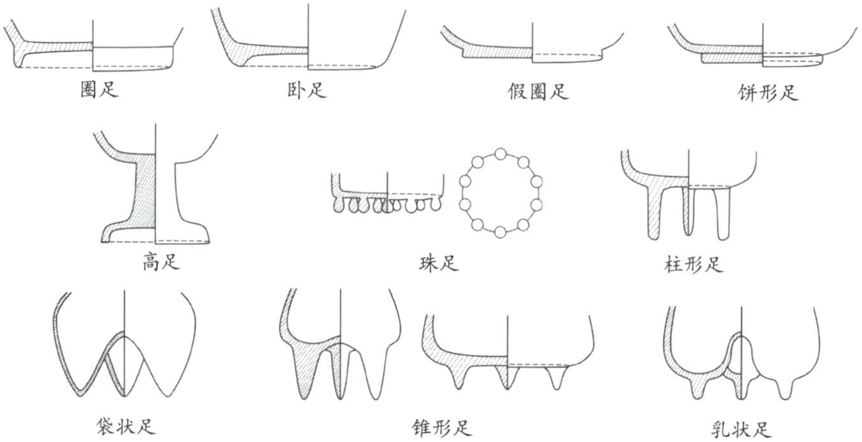

图 3-12　足　　（绘图：徐思琦）

2. 釉色

在陶瓷器基础釉料中分别加入铁、铜、锰、钴等氧化金属着色剂，在相应的烧成条件下，釉面就会呈现出青、褐、红、蓝等特定色泽。古陶瓷的颜色釉种类繁多，仅青釉就有豆青、粉青、天青、梅子青等等。按照温度划分，颜色釉应可分为高温釉（1250℃以上）、中温釉（1100℃—1250℃）、低温釉（1100℃以下）。对于不同的釉色，应了解其主要的成分，包括釉料的主要着色元素、助溶剂等，以及燃烧氛围情况、施釉的方法，了解其制作和形成的原理（图 3-13）。

图 3-13　单色釉盘组

3. 彩绘

彩绘是陶瓷类文物的一种主要的装饰方法，在陶器方面的应用，主要有陶质彩绘文物（图 3–14）、唐三彩等。其中陶质彩绘文物是在烧成的素陶上面使用动植物的部分有机成分作为胶结物，把这些有机物与水混合制成稀胶水，调和以颜料颗粒，其功用是使彩绘层附着在基体表面，也使彩绘颜料颗粒之间黏结紧密。瓷器根据与釉的关系，可以分为釉下彩、釉中彩、釉上彩等。其中釉下彩是用色料在成型的坯胎上进行绘饰后，施以白色透明釉、青釉等釉色，入窑高温一次烧成。我国古陶瓷中的釉下彩品种有釉下褐彩、青花、釉里红等。釉中彩则是在表面施釉以后，再采用其他的釉料以点、画、涂等方法进行装饰，并入窑高温一次烧成，使用这种装饰的有湖南长沙窑、四川邛窑等。釉上彩是在胚胎上施釉，先高温烧成素瓷，在素瓷上面用彩料进行绘制，再入窑进行低温烧制，常有的釉上彩包括五彩、粉彩、珐琅彩等。同时还有其他的釉彩工艺，包括斗彩、描金等等。对不同的彩绘，需要了解其主要的工艺、彩料的主要成分，以及彩绘形成的机制。

图 3–14　兵马俑甲胄上的彩绘

4. 纹饰

陶瓷器表面装饰纹样的总称。早期陶器的纹饰最初是受制陶工艺的影响，如铺垫的竹席、麻布在器底印上席纹、布纹等，并在人们无意识中产生的。随着制陶工艺的提高和审美意识的加强，人们开始有意识地在器物上施加纹饰，方法有刻画、模印、绘画等。纹饰内容由简至繁，从起初简单的弦纹、水波纹、网纹等，逐渐增加了复杂的几何纹、动物纹、植物纹、人物纹。这些纹饰一方面代表了当时的审美趣味，承载着丰富的寓意，另一方面也体现了古代手工艺人的制作水平和制作技艺。对文物上的纹饰，既应了解其制作的工艺和方法，也要了解该纹饰所包含的文化意义（图 3–15、图 3–16）。

图 3–15　景德镇窑青花螭龙纹瓶

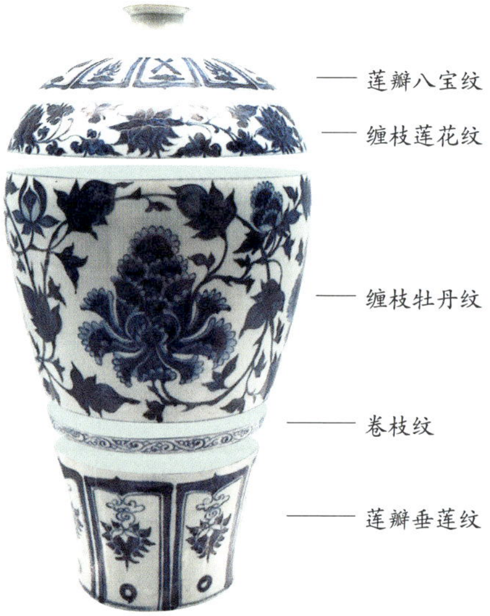

图 3–16　景德镇窑青花缠枝牡丹纹瓶

5. 窑口

窑口主要涵盖的内容包括窑场、窑系、窑址。窑场（图 3–17）指的是古代陶瓷产区，有时还包括就近的原料产地，一个窑场在一定范围内堆积着原料、作坊、窑炉及废品。窑系则是以一个窑口为代表，产品的胎釉成分、工艺、造型、釉色、装饰诸方面相同或相近的一批瓷窑，往往被划分为一个窑系。窑址是烧造陶瓷器物的窑口遗址（图 3–18），可以指一个独立的窑场遗址，也可以指一个较大的窑群遗址。

6. 制作工艺

陶瓷器文物的研究，离不开其制作工艺。制作工艺包括了原料的筛选加工、成型制作、装饰工艺、施釉工艺、烧成工艺。原料的筛选加工指的是采用的主要原材料，以及原材料如何通过筛选加工，最终形成成型制作的陶瓷器原料。成型制作指的是陶瓷器由原料制作成型的步骤和方法，成型方法种类多，主要包括塑形法、拉坯法、模具法、泥条筑成法等。装饰工艺则是在成型的坯体上面进行再加工，主要的方法有划花（图 3–19）、刻花（图 3–20）、印花（图 3–21）、贴花（图 3–22）、剔花、堆塑、施化妆土等。施釉工艺又称为上釉、挂釉、罩釉，是指在成型的陶瓷坯胎表面施以釉浆。其方法有蘸釉、荡釉、浇釉、喷釉等，并按坯体的不同形状、厚薄，采用相应的施釉方法。烧成工艺主要包括装窑、烧窑、开窑，同时也需要了解采用的窑炉形制、烧成的温度和氛围、采用的陶瓷焙烧工具等等。

7. 其他描述

其他描述中包括胎、款（图 3–23）、铭文等。其中胎的描述情况，包括采用制胎泥料的主要成分、胎质的紧密程度、胎质的颜色情况等。款的描述情况，包括款的具体内容、款的制作工艺、款的历史意义等。铭文的描述情况，包括铭文的具体内容、铭文的制作方法、铭文的内涵及相关历史意义等。

（三）价值评估

价值评估主要从文物本体及其出土所蕴含的信息来对文物自身的价值进行一种综合性的评估，主要包括文物的历史价值、艺术价值、文化价值、科学价值、社会价值等方面。

古陶瓷文物保护修复的目的之一，就是让破损的文物恢复其原有的价值。所以在修复之前也需要充分地了解文物的价值所在，并对保护修复的对象进行一定的价值评估。评估的过程是对文物的进一步认识，同时也为接下去开展具体保护修复工作提供重要的依据。

图 3–17　三卿口窑场示意模型

图 3–18　龙窑窑炉

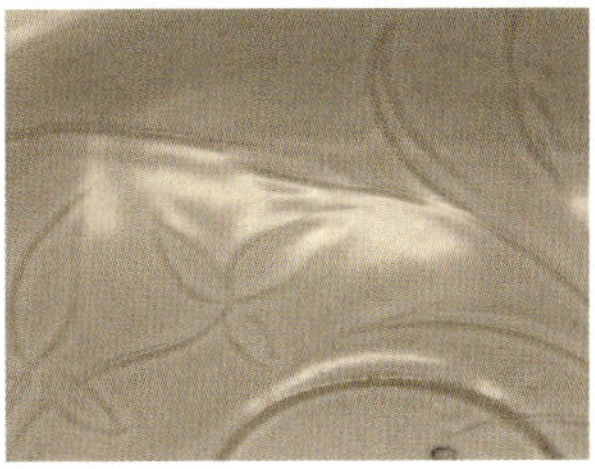

图 3–19　划花

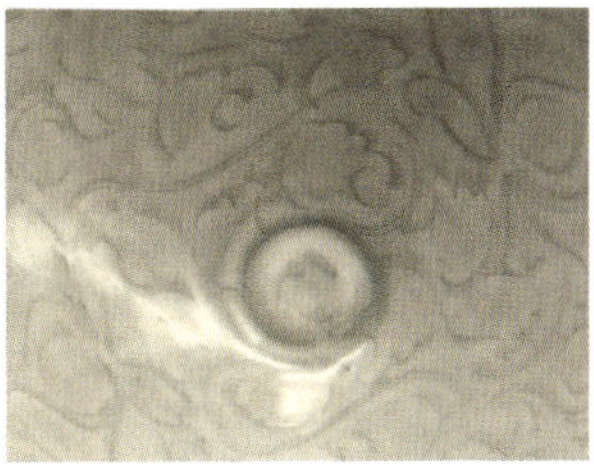

图 3–20　刻花

图 3-21　印花

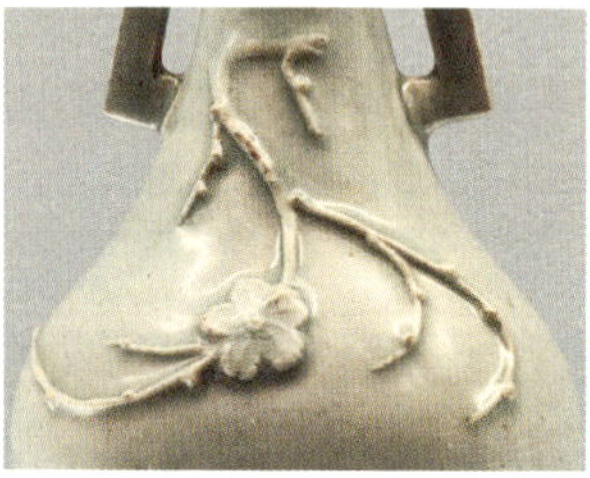

图 3-22　贴花

1. 历史价值

中国陶瓷文物遗存作为国家千百年来陶瓷产业发展、陶瓷文化历史的见证，具有重要的历史价值。一方面，陶瓷烧造遗址、陶瓷文物、陶瓷制作技艺反映着特定历史时期人类的社会生产活动、民风习俗、政治制度、经济发展、文化艺术等时代特点（图 3-24），具有重要的历史研究价值；另一方面，陶瓷制作技艺的创新、陶瓷产品造型的变化、陶瓷产业的发展情况，都是社会、政治、经济发展变化的结果。因此陶瓷文物遗存是极为重要的历史资料，对历史记载和史料的补充具有重要作用。

2. 社会价值

陶瓷器作为社会的大宗商品，关系到社会的方方面面，包括当时社会的人民生活方式（图 3-25）、社会的经济发展情况等等。例如陶俑的出现与发展，可以让后人了解不同时期的殉葬情况。福建建窑的发展离不开宋代流行起来的斗茶文化。外销瓷的发展，则见证了不同时期对外经济贸易的情况。一个窑址的兴衰史，反映了社会的发展，技术的创新、发展到成熟、衰退，这既符合历史自然规律，也可以让人们从发展周期中看到社会的变革、人口的流动、经济的波动等等，充分体现了陶瓷文物的社会价值。

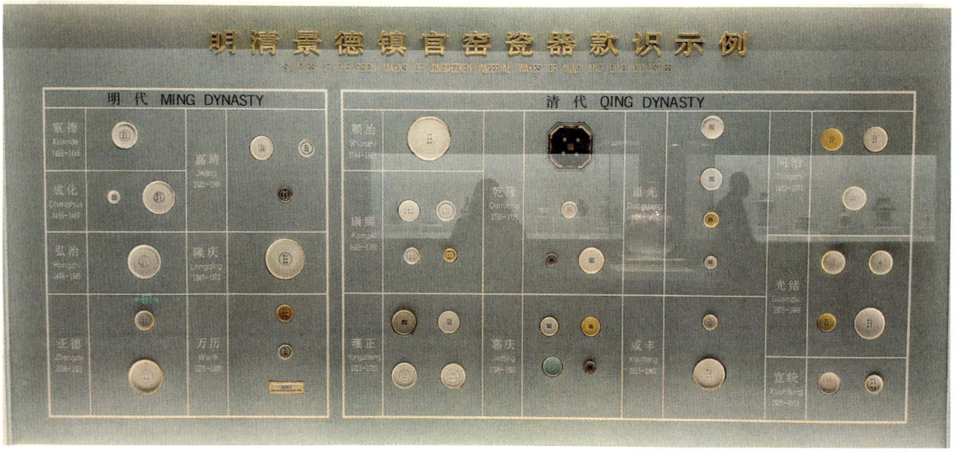

图 3-23　明清景德镇官窑瓷器款识示例

图 3-24　东汉至西晋青釉罐的演变

图 3-25　汉代陶俑 宴乐场景

3. 科学价值

文物的科学价值，主要体现在文物展现和反映的某一历史时期的科学技术信息。陶瓷产业遗址、工业遗存和精美的陶瓷艺术作品，从不同角度反映了生产所处历史时代的科学技术和生产力水平，从侧面反映着那个时代的社会经济、军事、文化状况以及知识、科学、技术等文化内涵。陶瓷文物遗存是历代陶瓷产业从业者和不同陶瓷制造地域的劳动生产者所创造的劳动成果，其陶瓷制作流程、陶瓷材料、陶瓷制作技艺、陶瓷制作水平，都充分反映着当时科学技术发展水平。

4. 艺术价值

丰富的陶瓷文物遗存具有丰富的文化内涵，充分体现着人们的审美取向、审美素养、审美价值和审美水平。不同时期的陶瓷器，其造型、纹饰、胎釉等不尽相同，体现了丰富的艺术价值。以明清景德镇官窑瓷器的造型为例，不同时代的瓷器品种特征和时代风貌不同，体现的审美标准不同，并形成了古拙、粗笨、秀美、精细、典雅、华丽、敦厚等不同的风格。永乐时期的器型古拙秀美，宣德时期的器型典雅精致，成化时期则轻盈隽秀，弘治正德则端庄秀逸，嘉靖万历以后风格上古拙与轻盈华丽兼而有之；到了康熙时期，器型造型敦厚，并能于拙处见秀，雍正时期的器型以线条优美著称于世（图 3–26），而乾隆时期造型品种丰富且华丽精巧。陶瓷文物不仅能体现出不同时代陶瓷器的艺术审美价值，而且能充分体现古代陶瓷劳动者精益求精、不断创新发展的匠心精神。

图 3–26　清雍正景德镇窑粉彩蝠桃纹瓶

5. 文化价值

china 作为一个英文单词，不仅指代中国，而且代表着陶瓷。陶瓷作为人类生活的一种日用品，集中体现了中华民族优秀的传统文化价值。我国作为有五千多年历史的文明古国，在历史的长河中，陶瓷文物极为丰富，不同地区、不同民族、不同时期都出产过品类众多的陶瓷器，这些陶瓷器也代表了中国丰富多彩的文化，见证着文化的传播、交融、发展。例如元代的元青花，所选用的钴料来自中东地区，其纹饰则继承了中国传统的图案，其形制又满足不同地区人们的使用习惯，制造工艺则来自中国的景德镇，所以元青花是不同文化传播交流的产物。宋代的陶瓷文化呈现出了百花齐放的格局，器物除了产自著名的汝、官、哥、均、定五大名窑，还有来自南北的各大窑口，包括磁州窑、耀州窑、淄博窑、景德镇窑、龙泉窑、建窑、吉州窑等等。不同窑口器物因地理环境、地域文化、制作工艺的不同，展现了各自的风貌，体现了不同区域的文化价值。

二、保存现状

（一）保存环境调查

1. 文物所处地域环境

文物所处的地域环境主要涉及的内容包括其具体的地理位置、该地域的地理风貌情况、季节气候、温湿度情况、年降雨量以及当地的空气质量情况，这些都会影响埋藏环境，从而对埋藏在地下的文物产生影响。

2. 文物埋藏环境

文物的埋藏环境决定了文物出土后的状况，对埋藏环境的研究是文物后期保护修复极为重要的依据。只有深入了解文物的埋藏环境，才能对文物形成的病害情况有一个更加科学的认识。文物埋藏环境一般分为两大类：地下埋藏环境和水下埋藏环境。

（1）地下埋藏环境

土壤由气、液、固三相组成，包括含水量、pH 值、含盐量、粒度等理化指标，其中还会有大量微生物的存在。除此之外，某些重金属元素及阴、阳离子也是土壤环境中极为重要的影响因子。这些因素中的单一因素或多项因素联合都会对埋藏环境下的文物造成伤害。所以一般来说，需要对埋藏环境中的土壤含水率、土壤的 pH 值、土壤的可溶盐进行分析检测，并确定其数据。

埋藏环境的温湿度，出土前及出土后的温湿度及其变化，埋藏环境中与文物直接接触的土壤的酸碱度，水分及熔盐的成分及含量，文物出土时的保存状况等，为后续文物保护提供了科学依据。如果土壤中存在破坏文物的影响因子，在当时的埋藏环境中对文物进行微弱破坏，被破坏的文物中含有的大量金属材质会产生某些微量元素或者重金属，从而进一步污染土壤。一旦文物被发掘，这些长期处在一个深埋、无光、缺氧、湿度很大甚至浸泡在水中、温湿度基本不变或变化不大的平衡体系中的文物，会马上接触一个含氧量丰富，温湿度大幅度、频繁变化，光照特别是紫外光照射，环境中飘浮大量微生物孢子、昆虫虫卵等与地下完全不同的环境。环境的突变，会加速肉眼能观察到的有机质文物的腐化、灰化等现象以及无机质文物酥解、破损等情况的发生。

（2）水下埋藏环境

水下文化遗产是指人类在水域环境中从事各种生产、生活活动而形成的所有物质文化遗存。出水文物原本埋藏于水下环境，多种破坏因素协同作用，导致病害严重。文物发掘出水以后，由于所处环境的巨变，之前的平衡状态被打破，劣变过程得以继续甚至加速发生。因此出水文物的保护刻不容缓。海洋占地球地表总面积 71%，与江河湖泊等内陆淡水环境相比，海洋盐水环境中所埋藏的水下文化遗产数量大，海水环境水况复杂、盐度高、生物多样等特点对水下文化遗产的腐蚀破坏作用也较为严重。对于海洋条件下的水下埋藏环境，我们一般可从海水、海洋生物和底质三个方面探究。其中海水需要参考的因素包括埋藏区域海水的温度、化学成分、含盐量、含氧量等，这些都会对文物产生直接的影响。这里的海洋生物主要指海洋污损生物，即生长在海中船体和其他人为设施表面的动物、植物和微生物的总称。底质指的是海洋底部通过物理、化学和生物的沉积作用构成的海洋沉积物，包括陆源碎屑（如石英、长石、黏土矿物等，以砂、粉砂、泥等为主）、海洋生物骨骼及海水本身的化学和生物化学过程的产生。

在实际工作中，水下出土的文物以陶瓷器最为常见，数量也极为庞大。例如“碗礁一号”出水瓷器多达 17,000 余件，其品种繁多，来源广泛，从较为原始的低温釉陶到精美的影青瓷、青花瓷均有发现。一般来讲，釉面光洁、胎体致密坚硬、烧结温度高的瓷器，保存状况相对低温烧造的陶器要好。对水下陶瓷器来讲，破碎和残缺是最常见的病害类型，其中大部分发生在船体倾覆过程中，水流的冲击、泥沙的堆积挤压也会造成类似破坏。此外，出水陶瓷器表面常附着泥土、钙质、硅质覆盖物或藤壶等海生物残骸，某些污损生物还会通过特殊的固着器官穿凿器体。此类病害在处于底质之上、直接暴露于水体的器物中较为常见。水流冲刷、沉积物磨蚀及海生物附着会导致釉层的开裂、剥落。瓷器釉料发黑变色及釉上彩的脱落现象也较为常见于埋藏在沉积物之下的陶瓷器，沉积物的覆盖杜绝了水流造成的物理冲刷以及污损生物的生长。硫酸盐还原菌能够在缺氧条件下将硫酸盐还原成硫化物，使周围环境呈酸性，从而导致器物腐蚀和颜料变色。若周围存在木材及金属，则硫酸盐还原菌常与它们相互作用而形成厚重的凝结物。另外，在器物表面形成的黑色硫化物污垢以及海水的侵蚀作用也不可忽视。大量的可溶盐进入器物内部，若文物被发掘出水后未经脱盐处理，盐分在空隙内部结晶，产生的压力可能会对胎体及釉层造成破坏。

3. 存放环境

文物基本现状调查中的存放环境，指的是文物从出土以后到开展本项目修复工作中的存放环境的记录。一般出土文物的存放环境主要经历以下几个阶段：第一是临时存放环境，指的是考古发掘现场的临时保护建筑环境；第二是运输期间的存放环境；第三是较为稳定的馆藏文物保存环境。挖掘出土后的文物，原有埋藏环境与现在存放环境之间的巨大变化，会加速文物材质的损坏。所以脆弱的文物挖掘出土以后，要第一时间进行临时抢救性保护。文物的存放环境也应根据不同的文物情况做好准备工作，控制好存放环境的温湿度、光照、空气质量等，确保上述指标能符合文物保存环境要求。

（二）修复历史信息

修复历史信息指的是该文物从出土以后所经历的所有保护修复的资料信息。涉及的修复种类包括出土抢救性保护、考古现场临时保护修复、修复工作室的保护修复工作以及其他修复方法，例如旧修锔瓷（图 3-27）、包金包银等。需要记录的修复历史信息内容主要包括以往历次修复的时间和场所、使用的保护修复材料设备、采用的保护修复技术手段、达到的保护修复效果等。应对文物的修复历史信息进行详细记录，为后期开展保护修复提供重要的依据。

图 3-27　旧修锔瓷

（三）文物现状描述

文物现状描述是指在充分了解文物的基本信息以后，通过直接观察法对文物的病害情况进行初步检测，并对文物的基本情况做一个综合性的描述。

思考题

1. 选择一件需要修复的陶瓷器，准确记录并描述其文物基本信息并记录。

第二节　古陶瓷病害调查与评估

一、病害的定义

（一）陶质彩绘文物病害

陶质彩绘文物基于其自身材料、制作工艺的原因，在复杂的外部环境的作用下由于自然和人为因素导致的陶质彩绘文物所发生的各种劣化现象。

（二）瓷器类文物病害

瓷器在保存、埋藏、使用和不当修复过程中由于物理、机械原因造成的损伤以及化学、生物因素导致的侵蚀。

二、病害形成的原因

根据对文物保存环境、保护修复历史、本体和病害的调查结果，我们对文物病害原因进行分析，从而为文物的保护修复提供更加科学的保障。

（一）内因

陶瓷文物的组成、结构、烧制工艺等决定了陶瓷文物病害形成的内因。陶质文物原料一般取自岩石风化的产物——易熔的黏土，故其结构疏松、孔隙多、吸水性强。同时因为其烧成的温度较低，所以陶器抗风化能力也较低，这也加大了文物病害发展的可能。

（二）外因

1. 地下水的侵蚀

相对于釉面光洁、胎体质地紧密、烧结温度高的瓷器文物，陶器的胎质疏松、孔隙率大，文物易受到地下水的影响，同时地下水伴随着温度的下降，可能对陶器产生冰冻破坏，这些都会对陶质文物的陶体以及彩绘层造成破坏。同时地下水中的阴离子易与钙、镁、铁等阳离子形成质地坚硬不同于水的结壳，附着于器物的表面，掩盖它原有的颜色与花纹，影响文物的形貌。出水的陶瓷文物，则会因海水中存在的酸碱作用、沉淀溶解作用、氧化还原作用、络合作用及液气、液固、气固等界面作用受到损害。

2. 埋藏土壤的影响

埋藏土壤中含有大量的重金属，同时其 pH 值不同，这些都会对陶瓷文物产生重要的影响。例如土壤中的钙离子容易在陶瓷器表面形成钙质沉积物等；土壤中含有的硫酸盐还原菌，能够在缺氧条件下将硫酸盐还原成硫化物，使周围环境呈酸性，从而导致器物腐蚀和颜料变色。埋藏环境复杂的情况中，例如环境中同时埋藏了金属类文物，则会在陶瓷器表面形成金属凝结物。在海洋环境中，泥沙则通过洋流的作用，对陶瓷文物表面进行冲刷，从而导致伤釉、伤彩的病害情况。

3. 可溶盐的破坏

这些可溶盐溶于水，并侵入陶瓷器的孔隙中，随着温湿度的交替变化，以盐分溶解—结晶—再溶解的反复过程，造成陶器文物的胎体反复膨胀收缩，产生的应力会不断地加重陶器表层酥解和剥落的现象以及瓷器伤釉的情况。

4. 植物、动物、微生物的破坏

植物的根茎通过毛细作用在地下环境中长满彩绘陶器表面，使彩绘层剥离、脱落；暴露在空气中的陶器易被动物的粪便污染，潮湿温润的埋藏环境宜于微生物及细菌增长，后者不仅影响文物外观，而且破坏文物材质。出水的陶瓷器文物，由于暴露于海床之上，藤壶、珊瑚等会大量附着，导致瓷器文物的釉层开裂、剥落，甚至某些污损生物还会通过特殊的固着器官穿凿器体。

5. 人为因素的破坏

文物在使用过程中的损坏、发掘过程中的不当操作、出土后环境没有人为控制导致的器物损坏、埋藏环境塌陷等地质危害都会加剧器物残损，不当的文物修复也会造成器物的进一步损坏。

6. 其他因素的破坏

文物在埋藏的过程中，还有其他会导致文物损坏的因素，例如墓葬的坍塌、沉船倾覆、盗墓者的破坏等等。

三、病害评估流程

陶瓷类文物病害评估包括文物基本信息、修复历史信息和保存环境信息收集，通过直接观察和仪器分析进行病害识别，判定病害活动性质，评估文物病害，提出保护修复建议，最终形成评估报告（图 3–28）。

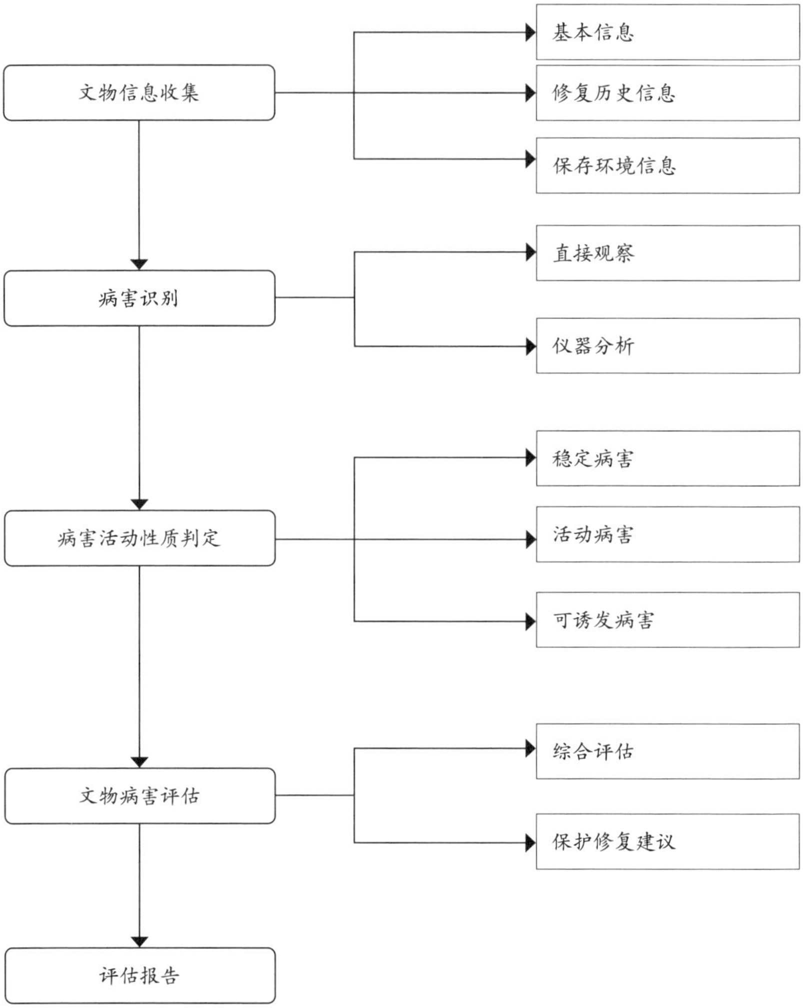

图 3–28　陶瓷类文物病害评估流程图

四、病害类型及性质

根据不同病害发展趋势及其对陶瓷类文物稳定性的影响，病害活动性质可划分为以下几种。

（一）稳定病害

病害已经产生或存在且不再继续发展和蔓延，不会对文物稳定性产生影响的病害类型。

（二）活动病害

病害已经产生或存在且继续发展和蔓延，对文物稳定性产生影响的病害类型。

（三）可诱发病害

病害已经产生或存在且不再继续发展和蔓延，在外部条件（如保存环境改变）激发下可能导致文物病害发展，引发其他病害产生的病害类型。

五、陶质彩绘文物病害

（一）核心概念

陶质彩绘文物：以陶为基体，表面利用胶结材料调和颜料涂绘的文物。

陶胎：彩绘层附着的陶质基体。

彩绘层：陶胎表面上的彩色图案或图画实体。彩绘层一般由底层和颜料层组成，依据其结构可分为有底层彩绘层和无底层彩绘层。

底层：为了便于涂绘颜料或衬托主体色彩而在陶胎表面上施加的涂层。

颜料层：在底层或陶胎上用颜料涂绘而成的表面层。依据其结构可分为单层或多层。（注：在无底层情况下，颜料层即为彩绘层。）

陶质文物的种类：素陶、彩陶、彩绘陶、釉陶，陶质文物的病害分析方法均可参考陶质彩绘文物。

（二）病害种类与识别

陶质彩绘文物的病害种类主要分为 17 种，分别是龟裂、起翘、空鼓、脱落、变色、剥落、残断、结晶盐、裂纹、裂缝、刻画、酥粉、附着物、硬结物、植物损害、动物损害、微生物损害（表 3–1）。依据“不改变文物原状”与“最小干预”原则，优先采用直接观察法识别病害种类，对用直接观察法无法判定的病害，视文物的具体情况，可进一步采用无损分析或取样分析方法判定、识别病害种类，重点确定具有活动性或可诱发性特点的病害。其中检测方法属于前期的识别方法，主要以观察法为主，是一个预判。仪器分析法主要在前期识别的情况下，通过仪器进行最终的判定，并对病害具体的成分以及与文物本体之间的关联程度进行一个最终的分析评估。

表 3-1：陶器病害名称与符号

序号	病害名称	名词解释	图示符号
1	龟裂	彩绘层表面微小网状开裂的现象	
2	起翘	彩绘层局部脱离其附着体，但脱离区域的部分边缘仍与其附着体相连的现象	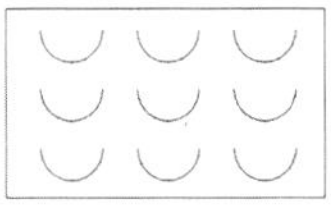
3	空鼓	彩绘层局部脱离其附着体，但脱离区域周边仍与其附着体相连的现象	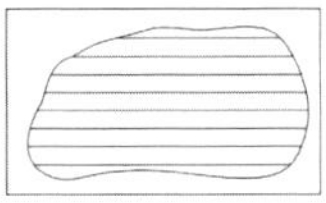
4	脱落	部分或全部彩绘层完全脱离其附着体的现象	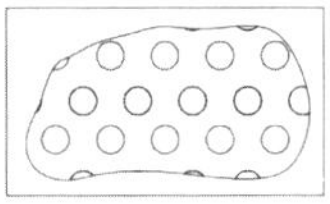
5	变色	部分颜料色相变化的现象	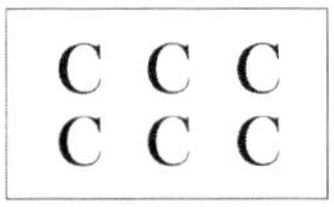
6	剥落	陶胎表面局部呈片状脱落，但未造成器物结构完整性破坏的现象	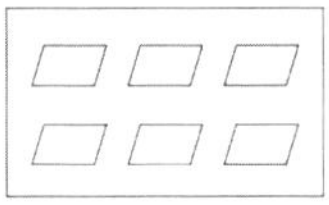
7	残断	陶胎断裂造成器物结构完整性破坏的现象	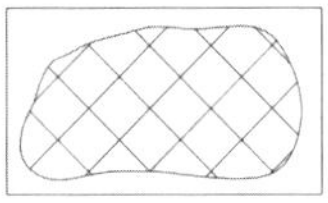
8	结晶盐	在陶质彩绘文物表面析出形成结晶影响器物外貌的可溶盐	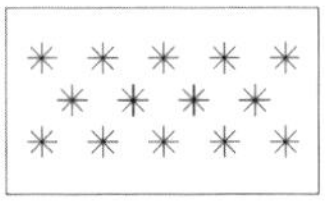
9	裂纹	彩绘层或陶胎中未穿透其厚度的开裂现象	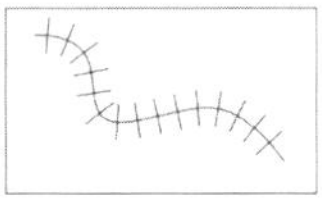
10	裂缝	彩绘层或陶胎中穿透其厚度的开裂现象	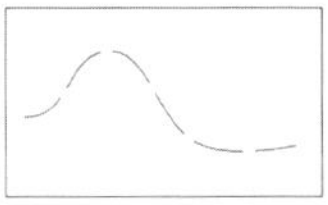

表 3-1：陶器病害名称与符号（续）

序号	病害名称	名词解释	图示符号
11	刻画	由于人为或其他外力作用而在陶质彩绘文物表面形成的刻画、文字、图案、符号等痕迹	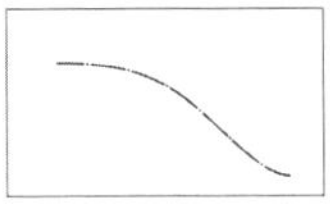
12	酥粉	彩绘层或陶胎呈粉状或颗粒状松散的现象	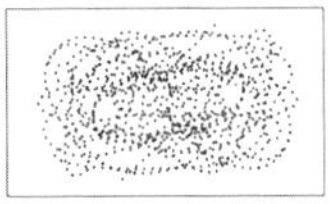
13	附着物	附着于陶质彩绘文物表面、影响器物外貌的泥土、金属锈蚀物、炭迹等影响器物外貌的物质	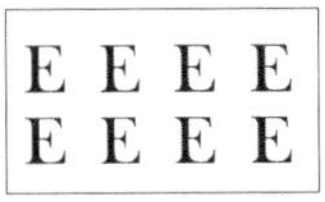 泥土附着物 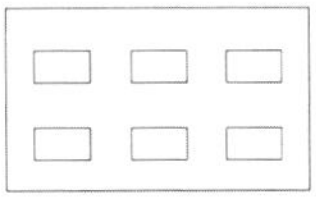 其他附着物
14	硬结物	附着于陶质彩绘文物表面、影响器物外貌的较坚硬的钙、镁、钡、铁等盐类沉积物	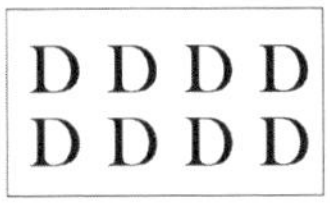
15	植物损害	植物根茎生长对陶质彩绘文物所造成的破坏	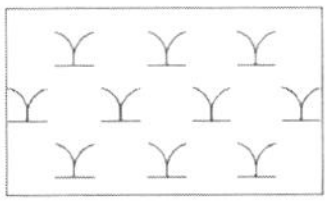
16	动物损害	动物活动遗迹、排泄物等对陶质彩绘文物所造成的破坏	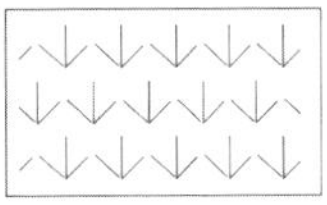
17	微生物损害	微生物的滋生或其代谢物对陶质彩绘文物造成的破坏	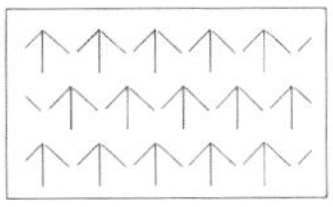

六、瓷器类文物病害

（一）概念

1. 瓷器类文物：瓷器是由瓷石、高岭土、石英石、莫来石等烧制而成，外表施有玻璃质或彩绘的器物。

2. 瓷胎：由瓷石、高岭土、石英石、莫来石等原料成分制成的胎质。

3. 釉彩：单色釉、釉上彩、釉下彩、低温釉、高温釉等。

4. 瓷器类文物病害：瓷器在保存、埋藏、使用和不当修复过程中由于物理、机械原因造成的损伤以及化学、生物因素导致的侵蚀。

（二）病害种类与识别

瓷器类文物的病害种类主要有 13 种，分别是毛边、惊纹、冲口、裂缝、破碎、缺损、伤釉、伤彩、侵蚀、附着物、生物损害、盐析、其他病害（表 3–2）。依据“不改变文物原状”与“最小干预”原则，优先采用直接观察法识别病害种类，对用直接观察法无法判定的病害，视文物的具体情况，可进一步采用无损分析或取样分析方法判定、识别病害种类，重点确定具有活动性或可诱发性特点的病害。其中检测方法属于前期的识别方法，主要以观察法为主，是一个预判。仪器分析法主要是在前期识别的情况下，通过仪器进行最终的判定，并对病害具体的成分以及与文物本体之间的关联程度进行一个最终的分析评估。

表 3–2：瓷器病害名称与符号

序号	病害名称	名词解释	图示符号
1	毛边	口、足等边沿因外力作用造成的釉层损伤	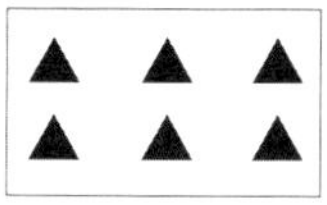
2	惊纹	表面因外力作用出现的不穿透胎的纹路	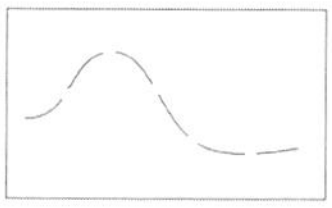
3	冲口	口部因外力作用出现的长短不等、穿透胎的纹路	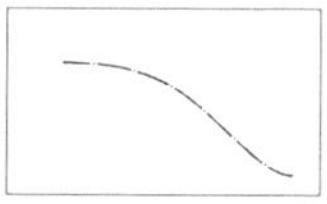
4	裂缝	因外力作用出现的穿透胎的纹路	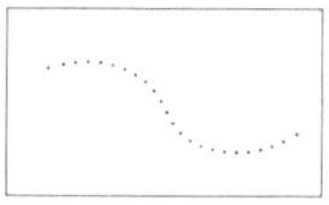
5	破碎	因外力作用造成的破碎，但没有缺失	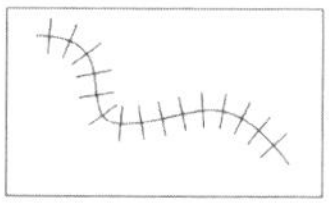
6	缺损	因外力作用造成的破碎，局部缺失	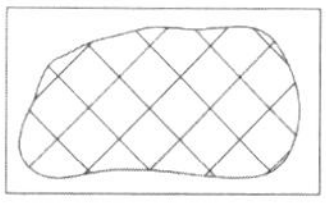
7	伤釉	釉面因外力作用造成的划痕、剥落、磕釉等损伤	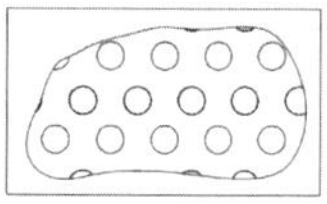

表 3-2：瓷器病害名称与符号（续）

序号	病害名称	名词解释	图示符号
8	伤彩	彩绘因刮、磨等外力作用而造成的损伤或剥落	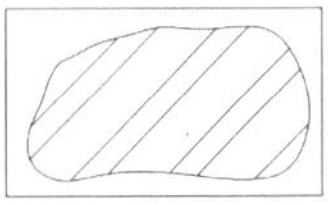
9	侵蚀	土壤环境和水环境等因素对器物造成的损害	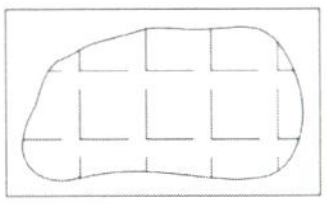
10	附着物	出土、出水器物上黏附的影响器物外观的物质	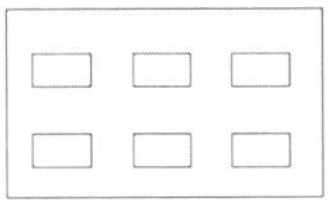
11	生物损害	生物的滋生或其他代谢物对器物造成的损害	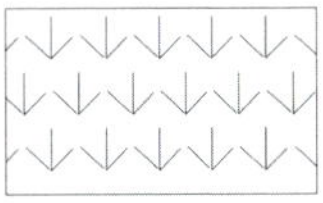
12	盐析	在文物表面析出形成结晶影响器物外观的结晶盐	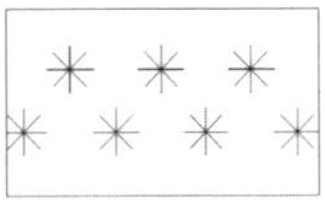
13	其他病害	由于不当修复或其他原因造成的损害	/

七、不属于陶瓷类文物病害的情况

（一）制作缺陷

1. 釉

表 3-3：制作导致的釉面缺陷

序号	缺陷名称	缺陷描述	缺陷照片
1	缩釉	釉面向周边滚缩，形成中间缺釉，露出胎骨	
2	釉泡	釉层在烧制过程中因化学反应产生的釉泡不能完全排出而形成一种“釉病”	

表 3-3：制作导致的釉面缺陷（续）

序号	缺陷名称	缺陷描述	缺陷照片
3	剥釉	瓷器釉面有成块或成片脱落的现象	
4	失亮	器物釉面失去光泽。长期被土壤腐蚀或像海捞瓷因受沙石冲刷导致的瓷器釉面的磨损形成的失亮现象	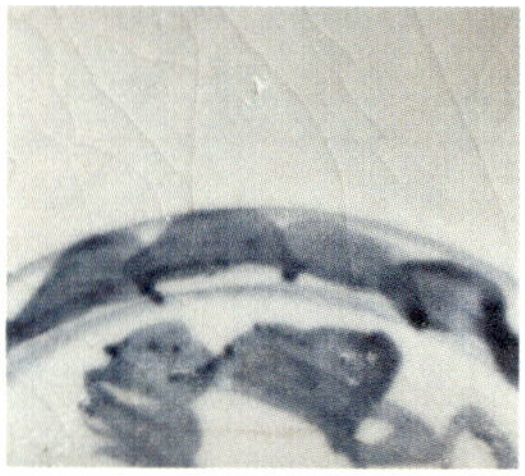
5	开片	器物釉面出现不规则的裂纹，但胎体本身并没有开裂。形成的原因是胎和釉的膨胀系数相差太大，特别是釉的膨胀系数过大，釉层太厚，而在冷却阶段750℃—550℃文物范围内冷却速度太快	

2. 器身的缺陷

表 3-4：制作导致的器身缺陷

序号	缺陷名称	缺陷描述	缺陷照片
1	窑裂	器物的腹部或底部在烧造过程中出现缝隙。胎体在窑内受火不均，胎泥陈腐、淘洗不够精细，或胎体在衔接时含有过多水分，都可能导致窑裂的出现	

表 3-4：制作导致的器身缺陷（续）

序号	缺陷名称	缺陷描述	缺陷照片
2	窑黏	瓷器在窑内高温烧造过程中，因装窑方法不当，造成器物之间或器物与窑具相粘连	
3	开黏	指分段制作的器物因粘接不牢而断裂。琢器一般采用分段制造，然后以泥浆作黏结剂粘接一件完整器物。烧造过程中，接缝处的高温下胎体和釉层膨胀系数不同，所以容易出现开黏现象	
4	变形	外观呈现器口不圆、器身扭曲等现象。造成的原因主要为：坯料配方不合理、坯料粉碎颗粒细度控制不当、装窑不当、匣钵底不平、钵柱不正、升温过快、烧成温度过高	

（二）使用痕迹等其他信息

1. 陶器使用过程中因受外部火焰加热而产生的表面炭黑痕迹。

2. 陶瓷类文物在使用过程中留下的铭文、刻款等具有一定标识意义的痕迹。

3. 陶瓷类文物在使用过程中表面留下的墨迹、彩绘等标记。

4. 陶瓷类文物因破损而进行的锔钉修复工艺，应尽可能予以保留，对于锔钉材质产生败坏而对文物的稳定性造成隐患的，应合理地去除。

八、病害图绘制

病害图是文物病害调查与评估工作中重要的组成部分，用来记录文物的客观信息和说明文物的保存现状。病害图的绘制，一方面能让修复人员通过绘图的过程来细致和全面地认识文物的尺寸大小、结构特征以及病害的具体情况，是一种信息资料的收集与整理，另一方面也能通过对文物现状的系统描绘整理，便于修复完成以后的修复效果评估。

（一）绘图工具及软件

1. 手绘

利用绘图工具，包括铅笔、直尺、圆规、比例尺、曲线板、绘图板、卡尺等，在米格纸或者坐标纸上面绘制病害图。绘制时要细心，在用工具测量文物时要注意文物的安全。手绘是最基础的病害图绘制手段，也是初学者必须学会的一种绘图方法。一般手绘完成后需要进行扫描并进行电子存档。

2. 软件绘制

利用制图软件对文物进行病害图绘制。软件绘制因其精度高、效率快、可调整性强、便于打印存储的特点，已经成为病害图绘制的主要手段，一般采用的软件有Auto-CAD、Adobe Photoshop、Adobe Illustrator 等。

（二）病害图绘制内容

病害图一般由两部分组成，第一是文物线图，第二是文物病害分布图；先绘制文物线图，再绘制文物病害分布图。

1. 文物线图

文物线图是指在绘图纸上准确、真实地绘制器物的大小、尺寸、形状、纹饰、残缺状况等，直观表达文物的外在信息，准确地反映文物各个部位的空间位置，真实地再现实物的原貌。

2. 文物病害分布图

在文物线图的基础上，依据病害图示准确地绘制和记录文物存在的病害类型、位置和范围。

（三）病害图绘制要求

1. 绘制的面

一般情况下，病害图都应该绘制六个面，即正视图、左视图、右视图、背视图、俯视图、仰视图；如果是简单器型，则只需要绘制正视图、背视图、俯视图、仰视图，如有破碎，每一块也需要绘制六个面。绘制病害图的目的是确保病害图能反映该文物一个观察面的外观信息以及病害分布情况。通过记录不同视点观察下文物的病害情况，形成的该文物不同面的病害图能全方位地记录和描述该文物的外观信息和病害分布情况，并在每一张病害图中标注清楚该病害图为文物何种视图情况。

2. 绘制的图标

在绘制完文物线图的基础上，参考《WW/T 0021-2010 陶质彩绘文物病害与图示》的规范性病害图例符号对各种病害进行描绘，瓷质文物则可在陶质文物病害图例符号的基础上进行调整。一件文物的病害图中的图例要规范统一，记录要详细规范，并在病害图中根据对应的病害标识出病害图例。

3. 绘制的文字说明及比例尺

病害图中除了图形之外，还需要文字说明和比例尺。每一张图纸的右下方要绘制文物信息表，内容包括项目名称、器物名称、器物编号、绘图人、图纸编号、绘图时间等。每一张图纸的右下方应标明比例尺。每一件器物的形状、大小各不相同，结构复杂程度也有差别，可根据不同情况选用合适比例对器物进行放大或缩小。

4. 绘制的规范性

绘制病害图需要在认识和理解文物外观和病害情况的基础上才能进行。绘制使用的图例、内容、格式等都要按照相应的要求规范执行，要忠于文物，突出重点，清晰明了。绘制过程中要注意文物的安全，避免对文物造成损害或污染。

九、影像资料拍摄

文物影像资料的拍摄整理是文物保护修复过程中极为重要的组成部分。可视化的影像记录，能更加直观地展现文物现状、文物细节特征、文物病害情况、文物保护修复中的操作过程、文物修复完成后的效果等等。影像资料拍摄分为静态拍摄和动态拍摄。文物的影像资料主要用于文物研究、保护修复、资料存档，因此文物摄影应具有科学性。文物具有不可再生性，文物保护修复过程具有不可重复性，所以拍照摄影应尽可能完整、详细地记录文物信息，为后期的研究与保护提供详细的资料。本文主要涉及静态拍摄，并侧重于文物保护修复过程中的拍摄。

（一）保护修复前资料的采集照片

保护修复前资料的采集是影像资料拍摄过程中非常重要的一环，是对文物现状的影像留档，应包含整体到局部、不同角度的照片。该阶段的照片内容有文物现状图、病害细节图、工艺细节图等等，其中文物现状图包括文物的正视图、左视图、右视图、背视图、俯视图、仰视图，如果是有残片，则需要对残片进行单独拍摄；病害细节图包括文物身上每一种病害的细部照片；工艺细节图则包括了纹饰细节、釉色细节、彩绘细节等其他体现文物制作工艺的细节照片。拍摄时要注意确保统一的拍摄环境（光源、摄影桌等）、统一的拍摄设备，并放好比例尺和色卡。

（二）保护修复中的阶段性文物照片

保护修复中的阶段性文物照片是指当完成某一重要保护修复步骤以后，保护修复的文物外观或结构发生重要变化的照片，一般包括文物拆分后照片、文物清洗后照片、文物加固后照片、文物粘接后照片、文物补配后照片、文物着色后照片、文物修复后照片等。保护修复中的阶段性文物照片需要确保较为统一的拍摄角度、统一的拍摄环境（光源、摄影桌等）、统一的拍摄设备，并放好比例尺及色卡。

（三）具体修复过程中的操作照片

具体修复过程中的操作照片，主要涉及修复人员对修复过程操作技术展示的影像资料记录，用来记录操作中的技术手法，照片内容一般包含文物、修复工具材料、修复人员、修复环境等，能反映保护修复工艺的特点。这种照片一般由其他人员进行拍摄，拍摄的过程不应影响修复人员开展具体的保护修复工作。

（四）修复过程中的其他重要照片

修复过程中其他的重要照片包括修复工作中的重要实验记录、修复材料的配制以及针对保护修复过程中不可预见的问题，辅助进行的拍照记录。

（五）注意事项

文物拍摄的过程要确保文物安全，移动文物要小心谨慎，摆放时要注意文物的稳定性，在光源的选择上要不影响文物，不可对文物造成损害或污染。在拍摄前，拍摄人员应对文物进行详细的了解，根据保护修复工作的内容做好拍摄计划，明确工作目的，做好拍摄记录。保护修复过程中的文物摄影强调照片的真实性、客观性、清晰性、构图完整性。

十、科学检测分析

古陶瓷保护修复中全面、科学的检测分析，一方面为后续的文物保护修复工作提供可靠的数据保障，另一方面可以揭示古代陶瓷类文物的生产技术、制作工艺等信息，为研究古代人类社会、经济、科技、文化、习俗等方面提供重要的科学依据。虽然检测分析方法较多，但有的检测样品情况复杂，需要采用不同的仪器、不同检测方法，对文物样品进行综合性检测分析，以达到最佳的检测效果。

（一）科学检测分析的对象

1. 埋藏环境检测分析

埋藏环境检测分析的对象主要包括土壤结构、密度、硬度、土壤含水率、土壤pH 值、土壤可溶盐等，人物通过取样分析检测，研究埋藏环境的具体情况。

2. 文物本体检测分析

文物本体分析检测的对象包括器物的胎、釉、彩绘颜料、烧成温度等，通过科学的分析检测，研究文物的形貌特征、结构成分、制作工艺等。

（1）胎

胎的科学分析研究是为了了解古代劳动人民在制作该器物时是如何筛选原材料、如何制作塑形、如何制作成型等内容。通过元素或物相分析，可以得到胎体的物质组成、主要元素和微量元素等信息，通过显微观察可以得到胎体内部组成、各种矿石的种类及分布结构等信息，通过加热过程中的膨胀或收缩性质来确定烧成温度信息，这些分析手段，为保护修复中的粘接、加固等环节的材料、工艺选择提供了数据支持，更为制作工艺、生产技术、历史文化等方面研究提供了依据。

（2）釉

釉料的科学分析研究是为了了解不同釉色的主要成分、不同釉色产生的原理，以及施釉的工艺、烧造的氛围，以及釉上彩、釉下彩、开片的形成机制等等。在这个基础上，分析研究还可以为进一步的保护修复提供重要依据，为修复中的加固、着色等环节提供重要的数据支持。

（3）彩绘颜料

通过科学分析，了解文物上彩绘颜料的主要成分、彩绘层的主要结构组成，研究其制作工艺、采用的胶结物的主要成分，也为进一步的研究保护修复提供重要的依据。

（4）烧成温度、吸水率、气孔率测定

通过科学分析，确定该文物烧成时的最高温度，并测定其吸水率、孔隙率。这些指标对陶质文物的保护修复至关重要，文物修复师以此为基础选择更加科学安全的修复方法。

3. 文物病害检测分析

陶瓷类文物的病害的判定与评估，一般先采用直接观察法来检测病害的基本种类和基本情况；但要达到识别病害的标准，则需要通过科学检测分析仪器来完成。对于龟裂、起翘、空鼓等病害可以使用显微镜分析，对于惊纹、裂纹等隐蔽的病害则可以借助 X 射线断层扫描成像系统来进行判定，对于一些复杂的病害种类，包括附着物、硬结物等则需要借助 X 射线荧光、近红外光谱、拉曼光谱等仪器进行成分、晶体种类的定性分析才能确定，借助三维显微视频等观察手段确定污染物与文物本体之间附着的具体情况。当污染物的成分确定，附着情况明确以后，才能明确科学的保护修复技术手段以及所采用的保护修复材料。

（二）常用的检测分析仪器

不同的检测分析仪器原理不同，适用范围也不同，有的测试元素，有的分析晶体结构，有的可观察物质微观形貌特征等。这些仪器可以用来测试陶瓷类文物的组成成分，确定烧造的温度，判定病害的种类和成分，可以对其进行微观的观察分析，为进一步研究文物本身提供了科学的数据，也为科学的保护修复提供了坚实的科学依据。同时由于陶瓷类文物种类繁多，制作工艺不尽相同，病害情况复杂多变，往往需要通过多种分析手段进行分析检测，才能对某一研究对象有一个准确的评估（表 3–5）。

表 3-5：常用检测分析仪器

仪器名称	适用范围
X 射线荧光光谱仪（XRF）	对文物样品中所含元素进行无损的定性量分析，可以测定陶瓷类文物的胎釉的主要成分
X 射线衍射仪（XRD）	对文物样品中结晶物进行定性及定量分析
显微激光拉曼光谱仪（LRS）	对文物样品中矿物晶体种类进行无损或微损鉴定和结构研究
扫描电子显微镜（SEM）及能谱仪（EDS）	对文物样品的显微结构进行观察，对微区成分进行分析
偏光显微镜	对文物样品内晶体结构进行观察分析，以判断成分
近红外光谱仪（NIR）	对有机质文物样品成分进行定量分析
三维视频显微镜	对文物样品的表面细节特征进行观察记录
X 射线计算机断层扫描系统（X-CT）	对文物样品的内部结构进行分析成像
热膨胀分析仪	对文物样品的烧成温度进行分析
红外水分仪	对出土环境土壤含水率进行分析

思考题

1. 独立完成一件陶瓷器的病害图绘制，并逐个分析病害可能形成的原因和后续发展趋势。

2. 在上述检测分析仪器中选择至少一种仪器设备，通过文献收集和案例整理进一步了解其原理和用途，并形成报告。

第三节　古陶瓷保护修复方案设计与档案建立

文物保护修复方案设计应以国际、国家文物保护的相关法律法规、准则以及文物现状研究的基础为依据。

修复方案主要指文物保护修复前，对文物的保护修复目的、要求、方式、方法、进度等都部署具体、周密，并有很强可操作性的计划。

修复方案文本内容主要包括方案编制基本信息表、前言、基本信息与价值评估、现状调查、保护修复工作目标、保护修复技术路线和操作步骤、保存条件措施或建议、保护修复过程风险分析及应对措施、保护修复工作量及进度安排、安全措施、经费预算和说明、各方签章。它是开展保护修复工作前的必要计划。

陶瓷类文物修复档案是指文物保护修复全部过程中，对文物本身信息和实施保护修复所使用的各种方法、材料以及检测分析数据、结果、评估的记录，主要包括文字、图片和影像资料等。它是实施保护修复工作过程中的必要记录。

一、保护修复方案设计

（一）方案编制基本信息表

主要内容包括方案名称、文物收藏单位、方案委托单位、方案编制单位的基本信息（名称、单位所在地、通讯地址、邮编、资质证书编号、主管部门）、其他主要参加单位、方案编制负责人基本信息、方案审核人基本信息、方案主要编制人员基本信息、拟修复文物数量件 / 套（包括文物总数、涵盖的定级文物与未定级数量）、主要目标、技术路线概述、方案执行周期、方案经费预算、风险分析、备注。

（二）前言

主要包括任务来源、目的、意义等内容。具体内容可包含文物的来源信息（出土、馆藏等）、文物的概况、实施文物修复的必要性分析、文物修复工作的可行性分析、文物修复工作的目的、文物修复工作的意义等。

（三）基本信息与价值评估

1. 基本信息

基本信息包括文物名称、总登记号、年代、级别、来源、尺寸、质量、类别、质地、收藏单位、入藏时间、文物描述及现状照片。

多件文物信息构成的文物清单表主要内容包括文物名称、总登记号、年代、级别、来源。单件文物基本信息表主要内容包括文物名称、总登记号、年代、级别、来源、尺寸、质量、类别、质地、收藏单位、入藏时间等。

2. 文物描述

文物描述主要指通过对陶瓷类文物的整体与局部的观察，对其器型、釉色、彩绘、纹饰、铭文、制作工艺、病害情况等方面进行一种说明，需要附上现状图。

3. 文物价值评估

文物价值评估主要涉及历史价值、艺术价值、科学价值、文化价值、社会价值等，通过对文物价值的挖掘，来进一步认识文物，并记录其所含有的文物价值。

价值评估主要包括下列几方面：

（1）从历史、艺术、科学等方面阐述文物的特点和重要性；

（2）文物在其收藏单位及某区域文物中的地位；

（3）文物在同类别或同时代文物研究中的重要性。

4. 文物本体调查

文物本体调查主要包括文物形貌、材质、结构及制作工艺等。应根据需要对文物结构、成分、蜕变产物等进行检测分析，检测宜优先选用无损分析方法（表 3–6）。

表 3–6：名词定义

文物描述	看到、触摸文物，形成对它的印象，从外观到内部，从上到下，从左到右，从整体到局部，包括铭文记载、彩绘图案、装饰艺术等的一种说明
价值描述	从文物本体及其出土墓葬所蕴含的信息来说明，比如某个贵族墓葬的出土器物，因为贵族的等级、所处的社会环境、政治结构反映出来的当时社会的生产力水平，有能力制造复杂多变、有用有趣的艺术品
文物本体信息	把文物作为一个物理对象，明确其长、宽、高、材质、时代、出土地点、重量等具象数据以及藏品信息、考古出土器物等信息
现状描述	考古人员依据观察和自身学术背景对文物的描述，也可以是保管人员接受文物时对文物信息的描述、确认，或者可能是保护修复人员在修复前的记录。因为研究背景不同，关注点不一样，相关现状描述文字有所不同
价值评估	价值评估是主要从文物本体及其出土所蕴含的信息来对文物自身的价值进行的一种综合性的评估，主要包括文物的历史价值、艺术价值、文化价值、科学价值、社会价值等方面
文物病害信息	文物病害信息是依据病害标准做出的识别和判断获得的信息，主要通过肉眼观察、显微观察、分析检测、工具测量等手段，对文物的病害种类、病害数量、严重程度等具体病害情况做一个科学性的分析记录。检测宜优先选用无损分析方法，并附上分析检测表，同时应按照要求制作病害图

（四）保存现状的调查与评估

1. 保存环境调查

保存环境调查主要包括下列几方面。

（1）文物所处地域环境

文物所处的地域环境主要指文物埋藏环境所处的地域环境，需要记录的内容包括地理位置、该地域的地理风貌情况、气候环境、温湿度情况、年降雨量以及当地的空气质量情况，并分析地域环境对文物的影响。

（2）文物埋藏环境

文物埋藏环境主要指文物的具体埋藏环境，需要记录的内容包括土壤的性质、土壤的 pH 值、含盐量、含水量、微生物成分等等，并分析文物埋藏环境对文物造成的影响。

（3）文物存放环境

文物存放环境主要指文物从出土挖掘开始，在不同时间段所存放的环境，包括库房、展厅，需要记录其具体的存放地点、存放环境的空间形式、空间内的温湿度情况、光照、空气质量等，并分析不同存放环境对文物的影响。

2. 文物修复历史信息

文物修复历史信息指的是该文物从出土以后所经历的所有保护修复的资料信息。

需要记录的修复历史信息内容主要包括以往历次修复的时间和场所、使用的保护修复材料工具设备、采用的保护修复技术手段、达到的保护修复效果等，并分析原有的保护修复对文物产生的影响，是否存在材料老化、修复功能失效等情况。

3. 病害调查

（1）病害识别

优先采用直接观察法和无损分析法识别病害，对直接观察和无损分析无法判定的病害，视文物具体情况，可进一步采用微损取样分析方法判定、识别病害，重点确定具有活动性或可诱发性特点的病害。

（2）病害统计与评估

根据病害识别结果，区分和记录病害状况，并进行病害描述和病害图绘制。根据每件文物的病害测量结果和病害性质判定情况，对病害程度进行总体评估。病害程度分为基本完好、中度、重度、濒危四个级别。病害图的绘制应符合《WW/T 0021 陶质彩绘文物病害与图示》的规定。病害识别、统计与评估应参考《WW/T 0056 可移动文物病害评估技术规程 陶质文物》《WW/T 0057 可移动文物病害评估技术规程 瓷质文物》的规定。

病害描述、文物现状照片、病害照片和病害图、分析检测照片和其他图片等内容，应在保存现状调研和病害评测过程中完善，二维影像宜参考《博物馆藏品二维影像技术规范（试行）》要求采集，并附标尺和色卡。病害图的制作应符合相应的标准，并针对文物本体进行全方位的病害图绘制，确保病害情况分析的完整性。

（3）病害原因分析

根据对文物保存环境、保护修复历史、本体和病害的调查结果，对文物病害原因进行分析。

（五）保护修复工作目标

保护修复工作目标主要为消除或减缓病害，恢复文物的稳定性，满足安全收藏、展示等利用的要求。

具体来说，对于陶瓷类文物应针对文物的具体病害，制定明确、可考核的保护修复工作目标，并从清洗后效果、加固后力学强度、粘接的平整度、修补程度、修复部分外观协调效果、处理后耐久性及保护修复处理整体效果等方面考核本次保护修复工作的技术指标或目标。

（六）制定方案所需的前期实验

根据陶瓷类文物存在的主要病害，结合检测分析结果，制定保护修复目标，在广泛调研国内外相关陶瓷文物保护修复方法的基础上，应对拟使用的保护修复技术措施和材料进行相应的实验室及现场保护前期研究。

1. 基本内容

应对保护修复中的清洗、脱盐、渗透加固、粘接、补缺、着色中所需材料的化学物质成分、操作工艺、使用范围进行研究。

（七）拟采取的技术路线

1. 列出所用保护修复材料。

2. 根据需要涉及必要的材料、工艺及应用实验，对珍贵文物应进行局部处理实验。

3. 列出操作的主要技术步骤流程图（图 3–29）。

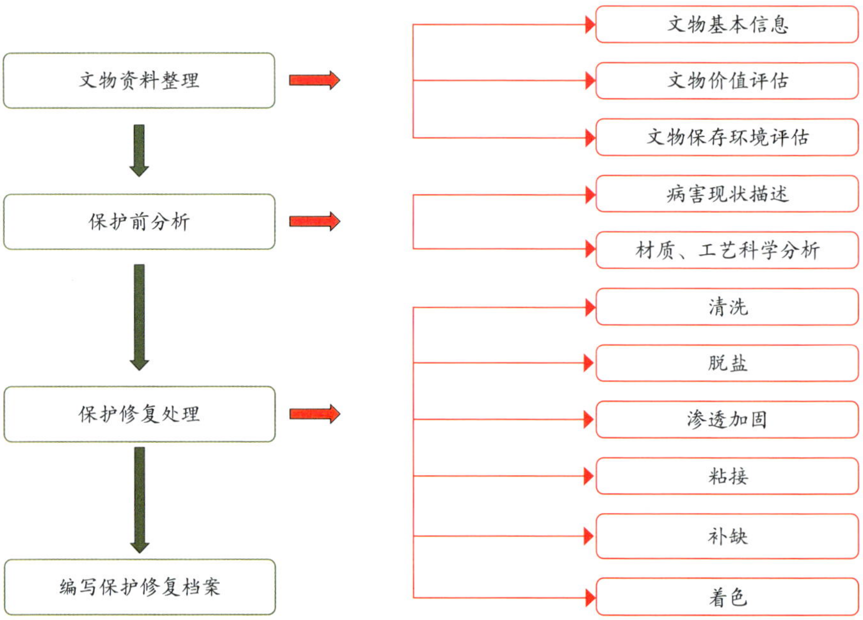

图 3–29　陶瓷类文物保护修复主要技术路线流程图（参考）

（八）保护修复的措施、步骤及要求

陶瓷类文物的保护修复主要措施、步骤包括清洗、脱盐、渗透加固、粘接、补缺、着色。

1. 陶瓷类文物各措施中的基本要求

（1）清洗

应对材料、方法、工艺、效果进行评估，应能有效地清除文物表面的有害物质，应避免对文物本体造成损害。

（2）脱盐

应针对具体可溶盐种类，选择适宜的脱盐方法，有效地清除文物表面及内部的盐分；应避免对文物本体造成损害。

（3）渗透加固

针对有一定孔隙率的陶胎进行渗透加固，使之具有良好的渗透加固能力，应能达到陶胎或未风化部分；加固后强度应与陶胎相近，并具有稳定性；加固后外观颜色不发生明显变化。

（4）粘接

在进行拼接时，所用的粘接材料的粘接强度应小于或等于陶瓷类文物胎体的强度；粘接材料或工艺应具有可再处理性；粘接材料应具有耐久性。

（5）补缺

使用材料与文物本体相近并具有一定强度。

（6）着色

应根据不同的要求采用合理的着色方法；应控制好着色的区域，尽可能降低对文物本体的干预；着色的效果应与文物本体在视觉上达到和谐统一的效果。

（九）工作量及进度安排

1. 应根据文物的数量、种类、难度及基础条件确定项目进度。

2. 在具有一定保护修复场地、设备的情况下，确定所需要的技术人员数量和工作时间。

3. 应按年、月安排每阶段进度，一般由下列各项确定：

（1）保护修复工作量；

（2）工作实施人员数量及投入时间；

（3）若存在不可预测的因素影响工作进度，应有相应的安排计划或说明。

（十）保存条件建议

保存条件措施或建议应包括：

1. 温度、相对湿度、光照度、空气质量等参数和装具、柜架等要求，应符合《馆藏文物保存环境质量标准》的要求；

2. 文物日常养护的要求及措施。

（十一）安全措施

1. 文物安全

根据文物保护修复场所的情况，制定相应的防火和防盗措施，防火设施应符合 GB 55037–2022 的规定，防盗设施应符合 GB/T 16571 的规定。

2. 人员安全

应尽可能避免使用对人体有危害的材料，在操作工艺不能避免的情况下，应制定相应的人员保护安全措施。

3. 环境安全

应尽可能避免使用会产生有害气体和有害排放液的材料；不能避免的情况下，应提出控制方法。保护修复工作场所的空气质量应符合 GB/T 18883—2002 的规定，保护修复过程中排放的污水应符合 GB 8978—1996 的规定。

（十二）保护修复过程风险分析及应对措施

一般的常见风险分析及应对措施

1. 环境保护

（1）力求项目实施过程中所用的化学试剂对人体危害最小。

（2）使用的化学试剂尽量回收利用，对于无法再利用的，经处理后再排放。

（3）减少污水排放。

（4）保护过程中所产生的气体，通过排气系统进入空气，减少对环境的影响。

2. 文物安全与保护

（1）选择具备与文物等级相适应的风险防范等级的场所进行修复保护。

（2）严格挑选保护实施人员。

（3）确保运输过程中的安全。

3. 风险分析

（1）瓷器属于极易破碎文物，修复及搬运中会有破碎的不确定风险。

（2）文物保护技术具有时代局限性，因此方案选用的保护技术不能保证始终具有先进性。

（3）由于文物个体的差异，修复过程中将存在诸多不确定因素；操作实施中工作人员操作的差异，会使保护修复工作存在不确定因素。

4. 防范措施

（1）文物在搬运、运输的过程中既要防止对文物的物理损伤，也要预防环境变化对文物造成的不利影响。

（2）对修复保护人员进行培训，提高修复保护人员的技术水平和风险防范意识。

（3）建立现场管理制度，确保修复保护工作有序进行。

（十三）经费预（概）算

1. 项目预（概）算

可移动文物保护修复项目的总预（概）算一般由方案设计费、测试化验加工费、材料费、工器具购置费、劳务费、专家咨询费、资料整理和报告出版费、其他（项目管理费、不可预见费等）组成。

可移动文物保护修复项目的总预（概）算费用依据包括费用明细和材料、工器具购置明细。费用明细可参考《馆藏文物修复工作量清单计价规范》等文件编制。材料、工器具购置明细应包括名称、型号、产地、品牌、数量、单价、合价等。

2. 经费预算说明

申请国家重点文物保护专项经费，相关要求参见《国家重点文物保护专项资金管理办法》《国家重点文物保护专项补助资金 项目预（概）算编制规范》，可结合实际工作情况合理编制。地方财政经费或收藏单位自有（筹）资金等可参考上述办法执行，特殊情况可补充说明。

（十四）各方签章

应有方案委托单位、方案编制单位和方案参与编制单位的法定代表人/委托代理人的签章，并加盖公章；应有方案编制责任人和方案审核人的签章。

二、古陶瓷保护修复档案建立

（一）修复档案记录工作内容

主要包括文物保护修复基本信息、文物保存现状、可移动文物检测分析、可移动文物保护修复过程记录、验收、可移动文物保护修复档案记录封面。

（二）可移动文物修复前信息概况

1. 文物保护修复基本信息

（1）文物基本信息

包括文物名称、收藏单位、总登记号、具体年代、级别、出土时间、出土地点、尺寸、质量、数量、类别、质地、收藏时间。

（2）方案设计及保护修复单位信息

包括文物保护修复方案编制单位、方案名称及编号、批准单位及文号、保护修复单位、文物提取日期、返还日期、提取经办人和返还经办人等。

2. 文物保存现状

（1）文物原保存环境

记录可移动文物保护修复前保存环境的条件与状况，包括温度、相对湿度、光照度等参数和保存形式、保存建筑物情况等。

（2）保护修复历史

记录以往对文物修复所做过的保护修复处理，注明历次保护修复的时间、部位、所使用的主要材料、技术方法、保护修复人员、保护修复效果等。

（3）病害描述

根据规范对文物的病害进行具体的描述，包括各种病害的种类、严重程度、分布情况等。

（4）影像资料

对保护修复前的陶瓷类文物进行影像记录，包括二维的照片、扫描图片，也包括三维的扫描图像和视频等，二维影像按《博物馆藏品二维影像技术规范（内部使用）》要求采集。

3. 文物检测分析

采用适当的科学检测方法对文物本体和病害等进行检测分析，并记录样品信息和相关测试信息，包括样品编号、样品名称、样品描述、检测目的、检测分析方法、设备型号及测试模式（条件）、检测分析结果、检测单位及报告代码和备注。

4. 文物修复方案制定信息

主要包括文物总体状况评估、保护修复目标、保护修复技术路线概述、保护修复的操作步骤、保护修复的方法与效果、材料与工具、保护修复工作量及进度安排、风险分析与防护措施、安全措施。

（三）可移动文物修复过程记录

1. 综述

对文物保护修复全过程作综述性记录，内容包括材料、工艺步骤、操作条件、影像资料等。

（1）材料

文物保护修复过程中使用的材料，包括材料的名称、规格型号、用量、来源或制备方法等。

（2）工艺步骤

文物保护修复过程中所使用的技术方法和操作步骤。

（3）操作条件

文物保护修复过程中使用过的仪器设备和操作环境的温度、湿度等情况。

（4）影像资料

保护修复过程中具有技术特点的环节以及文物变化过程中获得的影像资料，包括照片和视频等，可以以数字载体形式提供，并注明调取或链接方法。

2. 综述具体内容

记录日常修复工作过程，整理并记录修复日志，并根据修复要求对修复日志进行核查与补充修改。

3. 记录的内容及方法

（1）修复工具的使用情况

详细记录具体工具名称、生产商、型号、材质；如自制工具需要记录制作过程，记录所使用工具所对应的病害类型和修复效果，并配合影像资料留存（表 3–7）。

表 3–7：修复工具记录表

序号	名称	生产商	型号	材质	对应病害	用途	来源或制作方式	照片

（2）修复材料的使用情况

详细记录具体修复材料的名称、生产商、型号、材质、来源或配置方法；简单描述使用材料的基本性能，如主要成分、主要作用、化学性能等；记录所使用材料所对应的病害类型和修复效果，并配合影像资料留存（表 3–8）。

表 3–8：修复材料记录表

序号	名称	成分	用量	性能	对应病害	用途	来源或配置方法	照片

（3）修复步骤与工艺

详细记录每种修复步骤中的具体操作，详细记录每种修复步骤中所运用工艺的具体步骤和注意点。

（4）修复过程中的温湿度、光照度情况

记录修复过程中的温湿度变化，测量时应保证环境相对稳定，并取多次数据的平均值；记录修复过程中的光照度变化，测量时应保证环境相对稳定，并取多次数据的平均值；温湿度测量和光照度测量仪器需选用标准实验室仪器设备，修复师应了解相关设备的简单原理和操作方法。

（5）修复工作照片

通过摄影或录像保留完整修复过程，影像资料分辨率不低于 720p；针对修复前、修复后的文物状况需要拍摄对比照片，图像资料像素不低于 300px；修复工作照片中需要包含修复师本人和文物本身，通过照片应可以明确修复具体步骤；对保护修复过程中具有技术特点的环节进行拍摄记录，包括配置的材料、使用的重要设备等。

（6）修复过程中的文物照片

记录每一步修复步骤，每个步骤的照片不少于三张且为不同角度或一段影像资料；拍摄内容应为清晰拍摄的多组过程照片，每组照片包括但不仅限包括修复部位、修复工具与材料、修复操作情况，每组照片由一张整体概括照片和多张细节照片共同展示说明；对文物变化过程中的重要情况进行拍摄记录（表 3–9）。

表 3–9：保护修复实施记录表（例）

步骤		起止时间	
工具、材料、设备			
具体操作及注意点			
目的			
温湿度、光照条件			
修复工作照			
修复文物照（过程）			

4. 修复日志整理与记录方式

保护修复日志包括修复材料、操作步骤、操作条件以及相关影像资料，由保护修复操作人员根据实际工作情况填写。

（1）修复日志的记录要求

日志记录内容主要包括文物名称和编号、保护修复人、日期、工作区域、使用材料、修复工艺、工作内容；日志记录人员应由保护修复人员本人进行填写，并且针对实际工作情况填写，可连续增加；日志格式依据《陶制彩绘文物保护修复档案记录规范》填写。

（2）修复日志的整理方法

根据具体工作完成进度每日进行文字记录和影像记录。完成阶段性修复工作时，整理该修复阶段所有日志和影像资料并填写补充修复日志，标明起始时间。完成全部修复工作时，整理并补充完善所有阶段修复日志和影像资料，标明完成时间、修复人员、完成情况概述，并将日志、图像资料和影像资料保存留档。

5. 修复日志核查与补充修改方法

（1）文字核查与补充修改

根据具体修复情况对已完成日志内容进行核查，并且根据验收后意见补充相关文字内容，核查内容主要包括文字描述是否准确、日志内容是否明确、时间日期是否存在错误、环境监测等相关数据是否缺失等；补充修改内容应明确修改时间、修改原因、具体修改描述，并且另起一页说明，与已完成的日志部分有所区分。

（2）影像资料核查与补充修改

根据具体修复情况对已完成日志内容进行核查，并且根据验收后意见补充相关影像资料，核查内容主要包括影像资料清晰度是否达到最低标准、影像主体拍摄是否存在错误、影像内容与日志文字内容是否匹配等；补充修改内容应明确修改时间、修改原因、具体修改描述，并且另起一页说明，与已完成的日志部分有所区分。

6. 技术变更

可移动文物保护修复过程中，如遇到未能预料的情况，应详细记录原因和现场、变更后的方案及实施效果。

（1）根据新发现的病害

记录内容如下：病害类型、病害尺寸、病害影像资料记录、造成病害的原因、当前文物所处环境数据、修复完成进度，判断新发现病害为修复前已存在但未发现还是修复过程中新发生，评估病害对文物整体影响程度，判断是否需要调整修复方案。

（2）新发现的重要文物信息

记录内容如下：文物信息类型、信息影像记录、信息具体内容描述、信息发现过程，判断所发现信息是否影响原定修复方案，判断所发现信息是否稳定并根据具体情况采取临时干预保护，判断是否需要调整修复方案。

（3）其他新的发现情况

根据新的病害或文物信息采用新的修复方法及产生的修复效果，对新的修复方法进行具体阐述，阐述内容包括相应的修复评估实验、使用的工具材料设备、使用的修复工艺及具体的操作步骤、最终的修复效果。

7. 保存条件措施或建议

提出适合保护修复后文物的保存条件措施和建议，包括温度、相对湿度、光照度等参数和装具、柜架等环境要求。

（1）环境控制

对项目内陶瓷文物保存环境因素提出措施和建议，内容有：温度和相对湿度；污染气体；光照水平，包括可见光和紫外光；生物和微生物，包括虫害和霉菌等；藏展材料，包括囊匣制作材料、展陈装饰与辅助材料、文物衬垫与包装材料。

（2）日常养护

对项目内陶瓷的日常养护提出措施和建议，内容包括定期开展检查、通风、清洁、消毒等养护工作，及时排除不安全因素或轻微损伤，同时注重包装运输工程中的环境监测和调控。

（四）验收

1. 自评估意见

由保护修复人员撰写并签名，应包括下面几个方面内容：是否完成方案预期目标、变更方案内容及原因、保护修复效果、完成进度、存在问题及讨论。

2. 验收意见

由组织验收人或单位填写并签章，应包括时间、组织单位、专家名单、验收意见等。

思考题

1. 根据所修器物，独立编写一份完整的修复方案。
2. 根据所修器物，建立一份完整的修复档案。

拓展阅读

[1]《中国古陶瓷图典》，冯先铭，文物出版社，1998

[2]《明清瓷器鉴定》，耿宝昌，紫禁城出版社，1993

[3]《中国陶器》，冯先铭，上海古籍出版社，2001

[4]《出土陶质彩绘文物保护关键技术研究》，秦始皇帝陵博物院科学出版社，2014

[5]《幽兰神采：元代青花瓷器特集》，上海博物馆，上海书画出版社，2012

第四章
古陶瓷修复操作步骤

古陶瓷修复操作步骤包括清洗、脱盐、拆分、加固、粘接、补全、着色、养护。此章对此依次展开，详尽表述各环节的目的、原则、过程、方法。

第一节 清洗

陶瓷文物的清洗，是指使用技术手段清除陶瓷文物本身以外的附着物，这些附着物是在长期埋藏、使用等过程中，由外界环境因素或人为因素产生的附着在本体表面及渗入陶瓷器内部的污染物，包括污渍、灰尘（图4–1）。

一、清洗的目的

（一）清除损坏陶瓷胎釉结构的有害物质，停止或延缓败坏的发生；

（二）恢复陶瓷器表面原有的历史风貌，发掘文物的历史信息；

（三）为古陶瓷进一步的保护修复提供基本条件。

二、清洗原则

不正确的清洗方法往往会给陶瓷类文物带来新的损害。在修复过程中，所使用的方法和材料必须是经过实践证明行之有效的，绝对不允许将新工艺、新材料盲目地、直观地应用到实际修复保护过程中，清洗过程应遵循以下几点基本要求。

图4–1 老化的补配材料

（一）陶瓷类文物表面污染物的清洗，应在不伤及器物本体、保护文物安全的前提下进行，同时对于陶瓷类文物，应尽可能多地保留原始信息，采用非必要不清洗的原则。

（二）任何清洗过程的开始，必须以实验为基础。

清洗方法必须按照先实验后应用的思路进行。在有样品的情况下，先在样品上实验；在没有样品的情况下，一般先将陶瓷类文物表面隐蔽处的污染物用胶带纸围出一小块区域，在此对材料和工艺进行摸索实验，然后再推而广之。

（三）清洗过程宁可欠而不可过，不能因为图省事而想着清洗一步到位。文物是不可再生的物质，一旦损坏将无法恢复。因此，处理过程一定要在有把握的情况下逐步进行。在没有把握的情况下，宁可先搁置，也不能盲目动手。

（四）以机械方法为主，化学方法为辅，或者两者互为补充，尽可能清洗干净。通常先用机械清洗，在其不奏效时，再使用化学方法。清洗时应对器物仔细观察，选择出典型污染物，划分出相应的标准区（实验区），一般为 $2cm^2$—$3cm^2$，做好档案记录，开始试用清洗方法，当清洗达到要求时，方可应用于其他部分。

（五）清洗对象只针对文物本体以外，对文物长久保存造成伤害、丑化或影响文物价值的部分。

三、清洗过程

（一）清洗前的准备

清洗之前，首先要对陶瓷器本体的情况有一个清晰的认识，了解陶瓷器的结构与组成，确定其脆弱或不牢固的区域是否能承受清洗操作。例如，检查器物表面是否有彩绘，胎釉是否有龟裂，器物是否曾修复过，如果处于不稳定的情况，那清洗前需要进行适当的加固。其次要对污渍或堆积物进行检查和判断，通过肉眼观察、显微观察、仪器检测分析等多种手段来确定污染物的成分、分布情况、与器物之间的附着情况等，然后根据情况采用合适的清洗手段进行清洗操作。

对于某些含有重要考古历史信息的堆积物，若其能反映器物使用或保存环境情况，如纺织物痕迹、食物残留、珊瑚堆积等，只要不妨碍修复或过分影响器物的形象，均要保留。如果这些残留不清除，会对文物的保存或修复造成影响，就要适当清洗，但之前一定要做好标本采样、摄影等记录工作。

（二）清洗具体操作

在充分了解器物本身信息及附着物具体情况的前提下，可采用具体的清洗手段开展清洗工作。对于保存状况良好、质地紧密的陶瓷器文物，一般先采用刷子洗刷的方式进行预清洗，将文物置于水盆中，用流动的去离子水配合刷子轻刷器物的表面，直到表面溶于水的灰尘、泥土等污染物清除干净。预清洗完成以后，对于没有清除干净的附着物，则可根据具体的情况采用器械清洗、化学清洗等针对性的清洗方法进行清洗，直到处理干净。对于质地酥松、保存状况差、含有彩绘的陶制文物，则在清洗前需要进行有效的加固，不可盲目地开展清洗工作。对于含有可溶盐的陶瓷文物，则在清洗前需要进行脱盐处理。对于含有霉菌的彩绘陶制文物，则应在初步清理表面厚土的基础上进行防霉处理，一般采用干燥、通风透气、破坏霉菌生存条件的方法，同时辅以药剂杀灭（图 4–2）。

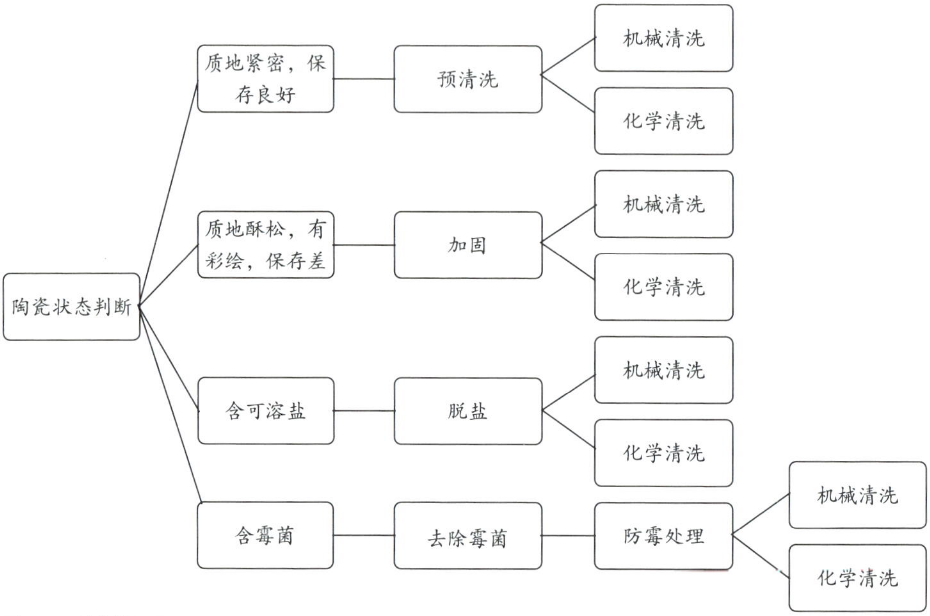

图 4–2　清洗流程图

（三）清洗结束后

主要的清洗操作完成以后，需要用去离子水将残留的化学试剂或其他残留物彻底地漂洗干净，最后用无尘纸吸干水分，置于避光的室内晾干或者置于干燥箱中以 40℃进行干燥处理。只有当器物完全干燥以后，下一步的修复操作才能进行（图 4–3）。

图 4–3　陶器清洗前后对比

四、清洗方法

在全面检查了陶瓷文物的保存状况、附着物的种类及污染程度之后，可以依照不同的情况，选择不同的清洗方法。后者主要分为机械清洗与化学清洗两大类，为了达到最佳的清洗效果，也可以两种方法联合使用。

（一）机械清洗法

在清洗的方法使用上，一般优先采用机械的清洗方法。对比化学清洗，机械清洗的优点是可以避免清洗过程中化学试剂对器物的隐形伤害，例如化学试剂渗入质地酥松的胎体而无法被有效清除，造成对文物的二次损伤。机械清洗则可以更好地控制清洗进程，当然在使用机械清洗时，要确保使用的设备、工具不会对文物造成损伤，不当的操作也会伤及胎釉，应规范使用。机械清洗要遵循由弱到强、先局部再整体的清洗原则。机械清洗的方法大致可以概括为六类。

1. 除尘

用无尘纸、毛刷等清扫、拂拭、吸取附着在器物表面的灰尘、浮土等易于清除的污染物。

2. 切削

用合适的强度和形状的刀具，例如手术刀、竹刀等，以切除、剔除的方式，来清除较牢固的污染物。对于某些污染物，可以先局部浸润，然后再用工具进行清除。

3. 研磨

用砂纸等研磨材料逐步磨平器物表面附着的污染物。应选择玻璃砂（氧化硅）为研磨基质的砂纸，避免使用氧化铝、碳化硅为研磨基质的砂纸，以免伤害胎釉。对于胎质酥松的陶器、低温釉上彩瓷等比较脆弱的陶瓷器，不宜使用研磨这种机械清洗方法。

4. 振动

超声波清洗机、微纳米气泡清洗机的清洗原理都是利用发射器使液体中的水分子产生振动、爆破，使得器物表面的污染物剥离。这种清洗方法效率高、清洗效果好。超声波清洗机还可以配合化学试剂进行更有针对性的清洗，特别对器物中裂缝、断面等部位的污染物清洗有较好的效果。

5. 冲刷

蒸汽清洗机以及洁牙喷砂机都是通过喷射介质冲刷器物来达到去除污染物的效果。其中蒸汽清洗机则利用高温高压，以水为介质来去除器物上的污染物，同时也可以起到漂洗的功能。但需要注意的是，要避免对器物上的裂缝进行冲洗，以避免高温高压而导致裂缝进一步的扩张。洁牙喷砂机则是通过碳酸氢钠作为喷射介质，并以水为媒介，利用压力对器物表面的污染物进行冲刷，特别适用于瓷器断面污染物的清洗。碳酸氢钠并不完全溶于水，故喷完以后会有残留物，需要进行漂洗，彻底去除器物表面的碳酸氢钠颗粒，胎质不紧密的陶瓷器不建议使用该仪器。

6. 激光

激光清洗机则是利用激光热能对器物表面的污染物进行瞬间气化，以达到清除的效果。它比较适于处理陶制文物上的污染物；当污染物与陶制胎体或者彩绘层已经粘连时，则可以用激光清洗机进行，文物去除污染物的同时，又能最大化地保留

图 4-4　激光清洗

器物本身。当然在使用激光清洗机前需要对文物进行评估实验，以确定准确的操作参数及模式（图 4–4）。

（二）化学清洗的方法

除了普通污垢，化学清洗对各种油脂类、树脂类污渍、盐类结壳等有显著的效果。尽量避免将陶器浸没在清洗剂中清洗，这可能导致器物内部的可溶盐移动，或者使污物扩散、转移到深处，还会损伤陶瓷器的胎釉及其上的鎏金彩绘等纹饰。正式清洗前，需要选择局部进行实验，以证明清洗剂有效且不伤器物。化学去污后，要用蒸馏水、去离子水漂洗。最后，用软布吸干水分并且放置在通风处自然吹干，或者用干燥箱进行干燥处理。

概括来说，化学清洗操作分以下四种。

1. 擦拭法

先根据污染物的具体情况调配合适的化学试剂，然后用棉签蘸取溶液涂抹于污染物表面，以达到清洗的效果。清洗完以后需要进行漂洗，确保彻底清除残留的化学试剂。这种方法安全而便捷，可以有效去除器物表面的油渍等有机污染物。

2. 冲洗法

冲洗法主要采用去离子水对器物进行冲洗。一般将器物放置在水盆中，然后用去离子水流慢慢冲洗器物，这种方法主要用于预清洗以及漂洗。

3. 浸泡法

将需要清洗的部分完全浸入清洗剂，通过浸泡的方法让清洗剂与污染物充分融合，可用海绵协助轻轻擦拭浸泡在溶液中的器物，以达到较好的清洗效果，这种清洗方法主要针对污染物遍布器身的瓷器。对于挥发性的清洗剂，要用有盖的容器盛放。浸泡清洗器物时要时刻关注其清洗情况，以免长时间浸泡损伤器物。浸泡完成以后需要用冲洗法漂洗干净（图 4–5）。

4. 敷贴法

将清洗剂浸润棉条，敷贴于器物的污渍部分，并用保鲜膜包裹器身，减少清洗剂的损耗，延长覆盖时间，并可根据具体的清洗情况，进行反复敷贴，直到产生较好的清洗效果。这种方法适合一些比较顽固的污染物，包括瓷器裂缝中的污渍、瓷片断面的污染物等等（图 4–6）。

图 4–5　浸泡法

图 4–6　敷贴法

思考题

1. 从清洁的物理方法和化学方法中各选择两种进行尝试。

2. 通过文献查找和日常观察，尝试提出一种本节未介绍的清洗方法，并设计测试对比实验。

第二节　脱盐

脱盐是指对陶瓷类文物表面富集的结晶盐进行清除。结晶盐是陶瓷类文物中的一大病害，分为可溶盐和不可溶盐。清除是一个难点，大多数出土陶器的表面、内壁都有结晶盐成片附着，附着面积最高的达到 78.8%。通过偏光显微镜、拉曼光谱、扫描电镜能谱分析得知，可溶盐种类为 $CaSO_4$ 、NaCl 、$MgSO_4$。

一、盐形成的机理

陶器的酥粉是指陶器表面乃至整个胎体变得酥松或呈粉末状。陶制文物往往埋藏在地下。如果雨水多，地下水位上升，器物可能就浸泡在含可溶盐的水中。液态盐分对多孔器物没有多大的破坏作用。但是如果天旱水分蒸发，导致水位下降，盐分就可能变成固体的盐结晶。地下水位往复地上升或下降，盐的溶解—重结晶过程将多次发生。同时，当陶器出土后，内部的可溶盐也会随着环境温湿度的变化产生溶解—重结晶现象。这种溶解—重结晶现象反复发生，会产生巨大的挤压力作用在陶器壁表面，从而使陶器产生酥粉。可溶盐对胎质酥松的瓷器同样会造成一定的损伤。

二、盐的判定方法

陶器文物脱盐方法的选择，主要依据其结晶盐所在的部位和面积大小来确定，以物理方法为主，兼顾化学方法。采用化学方法要充分地了解其化学试剂对陶质彩绘文物的影响，清理完成后所用的化学试剂或其反应物不会影响文物本体的可再处理性。电导率是表示水中溶解离子导电能力的指标。没有离子的理想纯水不会产生电流。电导率用电导率仪测量，其单位为微米 / 厘米。电导率也是测量水中离子浓度的简单办法，但不能精确反映离子种类。离子构成不同，电导率也不同，但电导率的数值随着离子浓度增加而增加。所以当浸泡后的溶液电导率降至稳定的数值时，可确定除盐完成。

三、脱盐的方法

（一）吸附脱盐法

传统吸附脱盐法一般采用纸浆等吸水性强的物质为吸附材料，以水为溶剂，通过吸附材料使水渗入多孔物质来溶解器物内部的可溶盐。之后随着多孔物质外面水分的不断蒸发，盐溶液通过毛细管作用由多孔物质内部向外部迁移，使得盐分最终吸附到纸浆上。对陶器来说，脱盐操作时常用制好的纸浆将器物包裹起来，待纸浆干燥后除下，再换上新纸浆，如此反复可达到脱盐目的。一般来说，吸附脱盐法的效率与被脱盐对象、吸附材料与处理对象的接触时间、环境的温度与湿度等都有关系，所以需要进行综合研究，根据不同的脱盐条件，进行行之有效的脱盐处理。现在为了提高脱盐效率，发展出了复合材料脱盐法，使用吸水、透水性较好的载体（如木纸浆等）与吸水脱盐材料（一般使用高吸水树脂）结合，制成复合材料进行吸附脱盐。

（二）深洗技术（蒸馏水浸泡法）

深洗技术，又叫蒸馏水浸泡法，是陶瓷脱盐的传统方法。其操作方法是将待清洗器物置于蒸馏水中浸泡，经常更换蒸馏水（如每周更换 1—2 次），将可溶盐清除掉。可以采用监测水溶液电导率变化方法，判断可溶盐清洗干净的程度。这种方法单纯使用，则效率低、清洗周期长，常与超声波清洗机或冷热交替法等结合使用。深洗技术是一种基于离子扩散机制的物理反应过程，一般来说，物质会自发地由高浓度区向低浓度区扩散。也就是说，以水为介质，陶器内部浓度较高的盐离子会向浓度较低的清洗液中扩散，以此达到脱盐目的。

（三）环境控制法

影响陶器盐害发生的主要因素包含两个方面：其一，陶器内部存在的可溶盐；其二，可溶盐发生的溶解—重结晶作用。可溶盐的溶解与结晶均需要在一定的温度、湿度下发生，否则，溶解与结晶过程是不可能发生的。因此，若陶器内部的可溶盐含量在一定范围内，可以从环境控制方面着手，以阻止盐害的发生，这样既可起到与脱盐处理相同的作用，又对陶制文物的损伤较小。

四、不同情况陶质的脱盐方法

（一）陶质情况良好

陶质彩绘文物保存较好，胎体结构较好，彩绘不易脱落时，可采用棉签蘸去离子水或用手术刀片等物理方法直接清理可溶盐，或者采用蒸馏水浸泡法。蒸馏水浸泡法清洗是一种基于离子扩散机制的物理反应过程，一般情况下，物质会自发地由高浓度区向低浓度区扩散。因此，以水为介质，陶器内部浓度较高的盐离子会向浓度较低的浸泡清洗液中扩散，以达到脱盐的目的。器物浸泡于蒸馏水中，通过定期更换蒸馏水可达到降低器物内部可溶盐含量的目的。但单纯使用这种方法，效率较低，清洗周期长，会影响陶器的质地。因此在使用此方法时，先将器物在冷水中浸泡 4 小时，然后用手术刀片将表面酥软的结晶盐层轻轻剔除，再浸泡 4 小时，之后放在热水中继续浸泡，如此反复，直至水溶液的电导率值稳定，可确定为除盐结束。

（二）陶质情况较脆弱

陶质彩绘易脱落且特别脆弱时，采用纸浆护敷法除盐。对于脆弱陶器，传统吸附脱盐法一般以纸浆等吸水性较强的物质作为吸附材料，以水为溶剂，通过使吸附材料中的水渗入多孔物质来溶解器物内部的可溶盐。纸浆或脱脂棉浸泡去离子水后敷至文物表面有盐害部位，待纸浆或脱脂棉晾置将干时，随着多孔物质外表面水分的不断蒸发，在毛细管作用的影响下，盐溶液就会由多孔物质内部向外部迁移，最终使得盐分被吸附到纸浆上。同时结合电导率仪测试护敷过的纸浆或将脱脂棉球投入去离子水中，溶解溶液中离子浓度并记录，待电导率仪的测量数据逐次降低至比较稳定数据时，可判断陶质彩绘文物脱盐完成。

（三）陶质情况差

对于彩陶纹饰易脱落或陶质较差的彩陶、局部陶胎部分富集的盐分，可使用棉签蘸去离子水或使用手术刀片等工具进行清理，再使用湿敷法进行脱盐处理。在无彩绘的部分用去离子水或热水、手术刀等清理病害，也可以用湿敷法清理。

（四）不可溶盐的去除

不可溶盐主要包括三大类：硫酸盐（石膏质）、碳酸盐（石灰质）、硅酸盐（硅质），它们与陶器的出土环境有关。不可溶盐一般对器物无害，但它们影响器物的外观，特别是附着在彩绘陶器表面，掩盖器物的铭文、制作痕迹、花纹图案，必须将它们去除。在去除不可溶盐的同时，先使不可溶盐软化，这时用手术刀、文物清洗仪、微型钻或竹签轻轻剔除，可除去绝大多数不可溶盐。少量残留的不可溶盐，石膏质的可用热的饱和硫酸铵溶液擦洗除去，石灰质的可用脱脂棉蘸取 5%EDTA 溶液包敷约 15min 后，再用物理法除之。硅质不可溶盐，一般用润湿的离子交换树脂涂敷 15min 后，再用物理法去除（表 4–1）。

表 4–1：不同情况陶质的脱盐方法

胎质情况	具体情况	脱盐方法
良好	保存良好、结构较彩绘不易脱落	直接清理
		蒸馏水浸泡法
较脆弱	结构脆弱、彩绘易脱落	纸浆护敷法
较差	彩绘纹饰易脱落、局部富集盐分	直接清理与湿敷法相结合
不可溶盐	含硫酸盐	软化、物理清洗、热的饱和硫酸铵溶液擦拭
	含碳酸盐	软化、物理清洗、EDTA 包敷
	含硅酸盐	软化、物理清洗、离子交换树脂涂敷

五、脱盐完成的评判依据

（一）电导率法

脱盐过程中可以采用监测水溶液电导率的变化来判断可溶盐脱除的过程。电导率是溶液传导电流的能力。溶液中自由离子的总量决定导电强度。当脱盐去离子水的电导率基本稳定、不再增加时，反映出陶瓷器的可溶盐已经基本析出，意味着脱盐处理完成。其原理是可溶盐越多，溶液的电导率越大。当可溶盐完全被去除时，溶液的电导率接近蒸馏水的电导率。

（二）AgCl 滴点法

以 2% 的硝酸银溶液滴加到浸泡过器物的去离子水中检查，无白色絮状物出现，则表示除盐完成。该法只适合于可溶盐中含有 Cl^- 的情况。

六、瓷器的脱盐处理

瓷器是比较稳定的。但是近年来海捞瓷器大量出水，这些瓷器受到海水长时间浸泡，都含有大量的可溶盐和不可溶盐。瓷器脱盐有几种方法：静态去离子水浸泡法、加热加速法、循环水喷淋法、超声波清洗法。瓷器的脱盐处理，需要根据瓷器的制作工艺、保存状况与损坏程度，来选择合适的脱盐方法。一般而言，对胎质紧密、胎釉结合牢固、保存状况良好的瓷器，可以使用超声波清洗法与加热加速法相结合的脱盐方法；对胎质酥松、保存状况较差的瓷器，则可以使用静态去离子水浸泡或循环水喷淋法进行脱盐；大批量的瓷质文物脱水，则根据瓷器的破损情况可采用电渗析加速法。

以上几种方法中，超声波清洗法是应用较为广泛的瓷器脱盐方法。这种方法适合胎质紧密、胎釉结合牢固、保存状况良好的瓷器。超声波清洗机能使清洗液产生空穴作用，加快瓷器胎体毛细孔隙内部海盐的置换速度，将溶解出的盐离子快速扩散到清洗液中。同时空化气泡爆破时产生强大的冲击波，能使器物污垢层在冲击波作用下被剥离、分散、乳化、脱落。它具有清洗洁净度高、清洗速度快的特点。使用有加热功能的超声波清洗机则可以提高脱盐的速率。

操作方法是：（1）在超声波清洗机中先注入去离子水，液面高度约为清洗机内槽的 3/4。然后用电导率仪测量并记录溶液电导率，把瓷器放在清洗篮内，使其完全浸没在溶液内，并沉入清洗篮中。要避免瓶类等器型漂浮在溶液中进行超声清洗的情况，以免因振动造成文物的损伤。（2）设定清洗温度为 50℃，超声频率为 50kHz。在清洗的过程中一般每隔 30min 测量一下电导率，并观察清洗情况，同时更换清洗液。待连续 3 次所测电导率数值皆与第一次测量溶液的电导率接近并维持这一数值不再变化，则该器物达到了脱盐实验的标准。

思考题

1. 选择本节中的一种脱盐方法进行尝试。
2. 辩证思考海捞瓷应脱盐保护还是存水保护。

第三节　拆分

拆分指的是清除古陶瓷文物原有的修复材料，例如黏结剂、填补材料、仿釉层等等，为下一次的保护修复做好基础。在拆分前要仔细评估拆分的必要性，因为每一次的拆分都会对文物产生一定的影响。当确定该文物需拆分并重新保护修复后，应对其原有的修复情况进行检查评估，需明确其原有的病害情况、使用的修复材料、采用的修复方法、修复的范围等，并根据这些情况制定相应的拆分计划，应秉承非必要不拆分的理念。

一、拆分的定义

（一）拆分原则

1. 安全性

拆分的操作方法不能造成文物的二次损伤。不得使用有损文物的化学材料；在机械操作时应遵循循序渐进的原则，不可使用蛮力强行拆分。在进行拆分前要做好器物保护工作。

2. 有效性

拆分的操作方法能有效地、有针对性地去除文物原有的修复材料。

3. 有选择性

并非去除所有的原修复材料（例如锔钉），而是根据修复要求，进行合理的拆分。某些修复痕迹属于文物历史信息的一部分，则在不影响文物安全的前提下予以保留。这通常需要进行前期科学的检测评估。

（二）拆分涉及的一般情况

1. 修复目标的改变：如原本以考古修复为主要目的，现改为陈列修复。
2. 修复材料的老化：如黏结剂失效、补缺材料开裂、表面颜料脱落等。
3. 修复技法的更正：如粘接错位、使用了不当的修复材料、修复面积过大等。

二、拆分过程

（一）拆分前准备

在拆分前需要进行检测评估，确定拆除的必要性。再通过仪器分析旧修材料的分布情况、材料的种类。然后制定相应的拆分方案，确定拆分对象、拆分方法及其可行性，并对可能产生的拆分情况做好预案。同时在拆分前要对文物进行必要的防护，特别涉及陶质彩绘文物，需要对一些彩绘区域进行适当保护，以免产生对文物的二次损伤。

（二）拆分具体操作

第一步是去除老旧的仿釉、上色材料。首先选用合适的溶剂或者砂纸、手术刀片等去除器物表面老旧的仿釉材料，露出器物原有的断裂、破碎、缺损等病害情况。第二步则是需要根据具体的文物和修复材料采用不同的拆分方法。比如，对于胎质紧密的瓷器类文物，一般采用水浴加热法。对于胎质紧密的陶器类文物，一般采用蒸熏法或者加热老化法。而对一些胎质酥松的陶器类文物，则可以用敷贴法来进行拆分。在拆分的过程中需要保持足够耐心，时刻观察文物的拆分情况。一般情况下，通过合理的拆分方法，原修复用的材料都能较容易地失去黏性而自动散开，呈现最初的破损情况。切忌用蛮力去扳、敲器物，以免造成对文物的二次损伤。第三步是对原器物已经拆分下来的部分进行有效保管，然后继续拆分那些没有完全拆分的部分，直到全部拆分完成（图 4–7）。

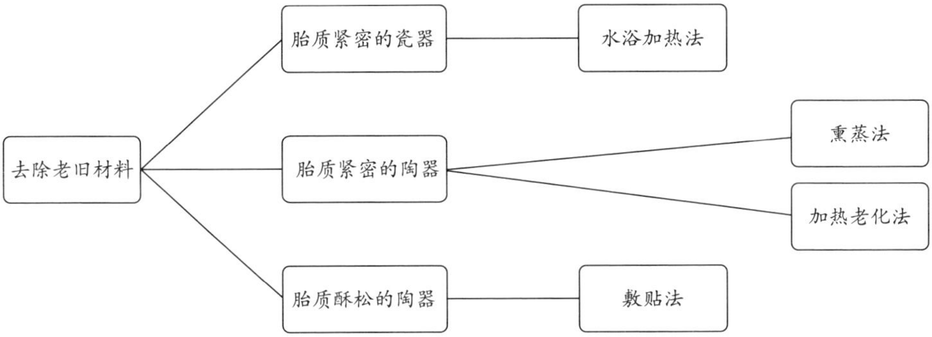

图 4-7　拆分操作流程

（三）拆分后

拆分完成以后，需要对拆分下来的陶瓷片进行清点，确定不遗漏。对于拆分下来的补配区域则需要妥善保管，并做好记录。

三、拆分对象

（一）上色材料

经过上色步骤修复的陶瓷器，若因材料的老化导致上色区域颜色产生变化，或者因附着力下降产生起翘、剥离等问题，严重影响到器物的美观程度，则需要对其进行清除。一般采用的方法是机械操作法，即用手术刀片或者砂纸对上色材料进行小心刮除或者碾磨去除，但要注意尽量避免伤到釉上彩等比较脆弱的区域。对于一些附着力强、用机械操作法无法去除或去除难以彻底的区域，可采用化学试剂法，用棉棒蘸取乙醇、丙酮、乙酸乙酯等有机溶剂来清除。

（二）补配材料

通常在清除完上色材料后，明显的补配材料就可以被观察到。补配材料也会随着保存环境的变化以及时间的延长产生老化的现象，会出现颜色泛黄、加固作用减弱、材料脆化等问题。补配材料一般包括石膏、复合材料（黏结剂 + 色粉 + 填充材料）、环氧补土等等。在确保器物可以用水浴加热法的前提下，可以先用水浴加热进行脱胶。如果水浴加热没有办法去除，则可改用相应的化学试剂或机械手段进行拆分，在使用机械手段的时候要确保操作规范，使用不当易造成陶瓷文物的损伤。一般来说，补配材料和黏结材料可同时进行拆分，拆分可能会造成器物碎片之间分离，要事先做好安全措施，防止在拆分过程中，拆分下的碎片意外跌落而造成损伤。

（三）黏结材料

黏结材料的老化会直接影响器物的稳定性，从而给器物带来二次损伤的风险。及时地拆分和去除黏结材料，有利于器物开展后续的保护修复工作。陶瓷类文物修复使用的黏结剂种类繁多，在拆分前应先确定黏结剂的种类，以此开展具有针对性的拆分工作。当无法确定其黏结剂种类时，可以先选择最安全也最经济的水浴加热法，经过一段时间的热水浸泡，动物胶、虫胶、聚醋酸乙烯酯（PVAC）、502 胶等多种黏结剂都可以因加热软化，水浴有助于将碎片分开。如果水浴法没有效果，则可以改用丙酮等有机溶剂，采用熏蒸法或敷贴法进行处理，可有效溶解 PVAC、丙烯酸酯树脂黏结剂、硝基纤维素黏结剂等许多合成黏结剂。环氧树脂类热固型树脂，由于其结构稳定，暂无溶剂可溶解，可采用水浴加热法，使其老化，失去黏合力，从而达到拆分的效果，这种方法比较环保和便捷。拆分以后，则要将碎片彻底漂洗干净，防止化学试剂残留。如要清洗拆分下来的残留在碎片上的环氧树脂，可以先用手术刀片进行小心剔除，然后再用蒸汽清洗机、洁牙喷砂机等进行清洗，达到较好的清洗效果。

（四）锔钉

对于一些用锔钉修复过的陶瓷器，首先要判定该锔钉是否还具备一定的功能性，即器物是否处于一种稳定状态。如果锔钉保存完好，且并没有生锈败坏，则不建议拆除。一方面，拆除锔钉会存在损伤器物的风险；另一方面，锔钉本身是器物的一种历史使用痕迹，也应尽可能地保留。如果该锔钉已经老化严重，失去其功能性，则需要对其进行拆除。一般先用钳子从中间剪断，随后在钉口喷上金属除锈剂，再用镊子将两截钉子拔出。此外，在去除锔钉之前，要用透明胶带纸对器物进行临时固定，以防止突然散架。

四、拆分方法

拆分之前要先用肉眼或者放大镜观察需要拆分的部位、面积，以制定合适的拆分方法。对于一些难以通过观察进行判定的问题，则需要进行检测实验，从而确定拆分的部分是否完全断裂。拆分的方法有加热法、化学试剂法、机械操作法，它们也可联合使用以达到最佳的拆分效果。拆分过程中要注意做好保护措施。

（一）加热法

加热法一般适合质地紧密、器身无裂缝的陶瓷器。

1. 水浴加热法

水浴加热法是拆分方法中最常用的方法，可拆分大部分黏结材料。水浴加热法一般使用专门的水浴加热器，也可以使用电饭煲、加热水壶等其他可以完成水浴加热的设备。先在容器内铺上一层软布，然后将需要拆分的器物放进容器内，内外注入温水，水位要盖过器物，并逐步进行加温。煮沸以后调保温模式，随时观察器物情况，不同的黏结剂需要加热时长不同，直到碎片可以自动脱落。采用具有加热功能的超声波清洗机进行水浴加热法可提高拆分效率。

2. 烘箱加热法

当水浴加热无法拆分时，可以使用烘箱加热法。先将需要拆分的器物平放在垫有毛巾的金属托盘上，然后放入烘箱加热，温度定于 150℃—200℃，时间每次为 20min；加热完毕后，静置在烘箱中至室温，取出后施巧力将其分离。切记不可用蛮力进行拆分。对于表面有裂缝、冲线等病害并且没有事先对其进行加固处理的陶瓷器，避免采用此方法，防止造成其裂缝的进一步发展。

3. 局部加热法

局部加热法是通过局部加温使黏结剂老化，一般适用于临时加固的黏结剂，这种黏结剂强度一般较弱。一般多针对器型比较大的器物采用这种加热方法。通常使用的工具有热熔枪、电吹风。在使用热熔枪加热时，需要戴好橡胶手套，将温度调至 200℃，从器物的口沿开始根据碎片的情况，沿着某一块碎片的裂缝进行加热，并轻轻施力使其与器物分离。电吹风适用于拆分粘接强度弱的黏结材料，此外，在黏结材料没有完全固化的情况下，也可以采用此方法进行拆分。

（二）化学试剂法

1. 浸泡法

将需要拆分的器物放置于玻璃容器中，缓慢倒入化学溶液，使器物完全被浸没，然后用保鲜膜封住容器口。为了加快效率，可将其置入有水溶液的超声波清洗机，借助超声波振动，来加速器物的拆分。

2. 熏蒸法

将器物放在干燥器中，隔板上面是需要拆分的器物，下面是丙酮等挥发溶剂，将器物置于饱和的溶剂气体之中（图 4–8）。这种方法更安全，用于质地较脆弱、孔

图 4–8　熏蒸法

隙率高、不宜水浴加热、浸泡拆分的器物。

3. 敷贴法

将化学试剂浸润棉条，敷贴于器物需拆分的区域，并用保鲜膜包裹器身，减少化学试剂的损耗，延长覆盖时间。可根据具体情况，反复敷贴，直到产生较好的拆分效果。

（三）机械操作法

机械操作法主要是辅助加快拆分的手段，而不是主要的拆分手段。可以先用锉刀等工具将大面积的填补材料去除，然后换手术刀、针等细小工具清除碎片边缘的填料残余，以提高后续的拆分效率。

思考题

1. 辩证思考稳定的旧修锔钉应如何保留，已经不牢固、影响稳定的旧修锔钉又该如何处理，实践并形成报告。

第四节　加固

加固是指利用陶器多孔性、吸水性特点，依靠浸润渗透作用，将加固剂渗入彩绘陶体内部，相互作用、相互结合，溶剂挥发后，溶质形成加固层，从而提高整体强度。所以选择溶剂时，要结合陶体本身现状和当地的环境情况，尽可能选择挥发慢、溶解性好、渗透性强的溶剂。

一、加固的目的

加固是选用适合的加固剂对保存情况差、质地脆弱的古陶瓷进行处理，增强其附着力和自身强度，目的是保持古陶瓷器外观的完整性，也为开展进一步的清洗、拼接、配补等修复工作做准备。加固对象包括质地酥软、表面风化的陶器，不断剥落、粉化的釉层和彩绘。此外，含有细小冲线裂纹的器物，为了防止病害的扩大，也需要进行一定的加固。

二、彩绘陶制文物的加固

为了防止文物长期受自然风化、不同的保存环境、不同程度的人为破坏等的影响，在保护修复过程中通过引入、补充加固材料来增加或恢复彩绘文物的强度，采取预防性保护措施。彩绘陶器加固主要分为清洗前预加固、修复中加固和修复后加固三个部分。

（一）清洗前预加固

主要针对局部彩绘层表面起翘、空鼓、脱落较严重的部位和陶胎本体酥粉部分进行预防性保护处理，预加固可以使这些部位与陶体结合紧密，减少清洗对其的损害。

（二）修复中加固

加固剂渗入彩绘层和陶胎内部的孔隙中，可降低陶体微孔的数量，可使孔隙较大的陶体的微孔变小，使陶器的质地更坚硬、致密，避免粘接过程中对陶体的损害，最大化保留陶器上的信息，同时也是对已清洗干净的陶器表面的一种保护。

（三）修复后加固

主要以彩绘陶器为主，修复完成后，再对陶器上的彩绘层通体进行加固（又称封护），可防止阳光、空气中的污染物及微生物的侵害。

三、常见加固的方法

（一）点涂法

相对于刷涂法，点涂法则适用于彩绘层较厚且易脱落、酥粉、起翘的彩绘颜料的保护处理。选用质地较软的小毛笔。用毛笔蘸水点湿彩绘，待水逐渐吸干时，先从残存彩绘边缘点涂加固剂，待加固剂不再渗入时，再点涂彩绘表面，这样，水吸收时所产生的毛细吸力会使加固剂更好地渗入彩绘，同时也可以消除点涂在彩绘表面留下的痕迹。该操作一定要慢，避免对彩绘造成损害。

（二）涂刷法

先了解器物的表面情况，然后用合适的毛笔将加固剂涂抹于器物表面，一遍涂抹完成以后，看具体情况再进行涂抹，直到达到加固要求。这种方法操作简单便捷，适合质地较坚硬的陶质类文物，或者用作一般的封护。

（三）浸泡法

对残片的浸泡法加固，操作时一般将残片放入调配好的加固溶液，会有气泡产生，等待气泡消失后用镊子取出，放在干净的桌子上或通风橱中等自然风干。此法适用于深层加固。整器的浸泡加固，一般采用局部浸泡的加固方法，器物可以多次以不同的位置，局部浸泡在加固剂溶液中，从而起到整体加固的作用。如果立刻浸没器物，会有空气留在陶瓷器的孔隙中，阻碍加固剂的渗透。浸泡法使用的加固剂浓度在 1.5%—2%。

（四）点滴法

用滴灌或注射器将加固剂注入器物，至被器物吸收为止，适合于陶瓷器裂缝的加固，或者局部非常脆弱的器物。点滴法可以精确地控制加固剂的使用量。

（五）喷雾法

选用雾化效果好的喷枪或喷壶将加固剂喷绘在器物表面。此法适用于彩绘陶器或表面粉化严重的陶器，喷距要适当，不要正对文物表面喷绘，喷量要适当，以表面刚好形成薄薄的膜为宜，尽量避免流淌现象。切勿使用过高压力的喷笔进行加固操作，以免损伤器物。

（六）负压渗透法

将器物浸泡在加固剂内，放置在密闭容器内，适当抽除容器内的空气，令更多的加固剂进入器物内部。或者先将器物放在密闭容器中，适当抽出空气，然后利用外部滴管，逐步往器物上注入加固剂溶液，可以避免空气残留在器物的孔隙内。使用这种方法，加固剂渗入的程度最大，但是可能会导致陶瓷器损伤，所以不适用于脆弱的器物（图 4–9）。

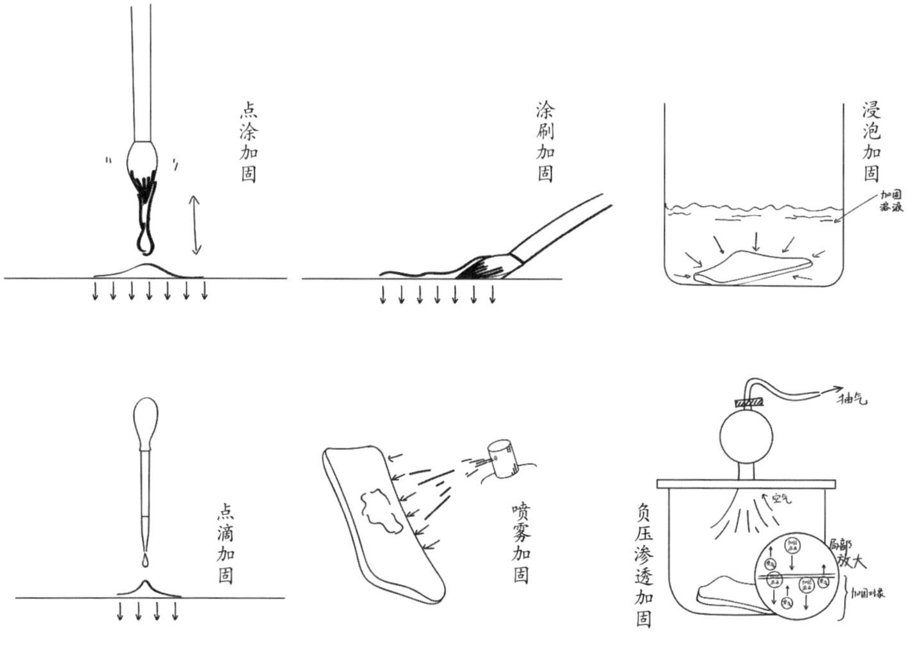

图 4–9　常见加固方式示意图

思考题

1. 任选四种本节中介绍到的加固方法进行尝试，对比观察加固前后变化并记录。

第五节　粘接

粘接是指将破碎的古陶瓷重新接合，恢复文物整体结构的稳定性及完整性，为了解文物历史信息、艺术价值等提供依据。为了达到较好的粘接效果，需要对碎片进行清洗整理，然后用合适的黏结剂和准确规范的粘接方法将其粘接起来，并为后续的补全、上色等修复步骤打下基础。

此外，在粘接之前，还常常需要拼对（预拼接），即对残缺器物整体程度认识，判断其是否可以恢复功能和结构。一般来说，小件器物的拼对相对容易，大件器物相对较难；破碎的碎片越多，拼对相对越难。拼对时常常采取“取大优先”的原则，将相邻或相近的残片按大小、部位、形状、颜色、残断面、厚薄等确认互配，编号记录。

一、粘接的目的

陶瓷类文物由于其自身的材质及烧造工艺，形成坚硬但又脆性较大的特点。在使用过程中，陶瓷器往往因外力作用损坏，产生裂缝、破碎、缺损等病害情况。为了恢复破损陶瓷器的完整结构，粘接成了古陶瓷保护与修复中极为重要的一环。综上，粘接的目的是恢复各残片的结构和相互关系，尽可能地展现器物的原型，为了解器物类型、制作工艺、历史信息等提供依据。

二、粘接机理和粘接面处理

粘接机理：由于物体间的分子、原子之间存在作用力，当种类不同的两种材料紧密靠在一起时，可以产生黏合和黏附作用。这种黏合作用可分为本征黏合和机械黏合两种。本征黏合表现为黏结剂与被黏陶片表面区域分子的吸引力；机械黏合则表现为黏结剂渗入被黏陶片表面孔隙内，黏结剂固化后被机械地镶嵌在孔隙内，从而实现被黏陶片的连接。粘接的质量与黏合面的表面处理紧密相关。

粘接面处理：通常粘接面由于各种原因，不可避免地存在着表面杂质、氧化物、水分等污染物质，粘接前的文物残断面处理是牢固连接的关键之一。任何高性能黏结剂，只有在合适的表面才能形成良好的粘接层。

三、粘接的方法、原则

（一）粘接的常用方法

1. 粘接法

粘接法是古陶瓷粘接中最为常见和重要的一种粘接方法，主要分为拼对、粘接面处理、调胶、粘接、临时固定、修整。首先对陶瓷碎片进行整理、编号，然后进行拼对。拼对完成以后，对碎片的粘接面进行清洁，去除表面的灰尘、碎渣等污染物，然后调配黏结剂。调配完成以后，取适量黏结剂涂抹在粘接面，之后两两粘接。一般粘接完两块后，需要用玻璃胶带纸进行临时固定，然后再进行其他碎片的粘接。当粘接成形以后，进行整体调整，确保粘接面之间严丝合缝，同时用蘸有化学试剂的棉签轻轻擦去多余的黏结剂。对有较大孔隙率的陶片或者露胎部分的瓷片，在粘接的过程中尽量选择渗透性低的黏结剂，或者在粘接面进行适当封固，从而避免部分黏结剂渗透进胎体，造成对文物的影响（图 4–10）。

图 4-10　粘接前后对比

2. 渗透法

渗透法较适合断面与断面之间拼对紧密的瓷器。首先对粘接面进行清洗，一般用棉签蘸取酒精轻轻擦拭粘接面，待干燥以后，将两片碎片拼对严丝合缝；然后用胶带纸对其进行临时固定，确保碎片之间稳定不晃动；最后用滴管或注射器吸取调配好的黏结剂沿着粘接面轻轻注入，多余的黏结剂则可用棉签轻轻擦去。渗透法适合的黏结剂需有较强的渗透性。粘接法和渗透法的主要区别在于陶瓷碎片粘接面的涂胶不同，粘接法是直接将黏结剂涂抹于粘接面，而渗透法是将碎片拼对整齐以后将黏结剂渗透进粘接缝中。

（二）粘接的一般原则

1. 从底部、口沿等边缘特征部位开始拼接

从底部开始粘接主要是为了确保粘接的稳定性，因为粘接成形后的受力点主要集中在底部。从口沿开始拼接，是因为口沿有一边不是粘接面，不会形成每个边缘都需要粘接的现象。

2. 中间合拢

古陶瓷修复中，常常会碰到破碎严重的陶瓷器，破碎的瓷片多而且大小不一。在粘接时可以按照器物的造型，由底部和口沿毗邻的碎片先粘接成大块，逐一找寻相邻碎片依次粘接，最后由底部和口沿延续形成“两大块”，再将中间合拢。这样有利于最后的拼接成形准确。

3. 注意微调

在粘接过程中，有些撞击点的小块要注意粘接实施过程中的放入顺序，注意茬口位置的严丝合缝。这时，慢干的胶就让修复师有时间进行微调，有时先前已经粘接的部位需要松一松，要确保嵌入碎片的位置准确性。能一次完成粘接的器物最好一次拼接完成。两大部分合拢的也要在慢干胶未干透时预拼接（可临时胶带固定），仔细观察、调整碎片的走向，力求整体平整。

4. 确保粘接面干净

粘接面上的灰尘、油污会降低粘接强度，粘接面的碎渣、泥土、老旧黏结剂残渣会影响粘接的平整度。

5. 涂胶

黏结剂要涂抹在粘接面的中间，不宜涂满整个断面，这样可以避免粘接时胶从接缝处外溢。但也要避免缝隙中黏结剂量少而形成的缺失。

四、陶器的粘接

（一）拼对（预拼接）

粘接前进行拼对、试粘接，检查器物的残片是否可以恢复原器型，茬口是否吻合，缺失的残片是否可以找到，器物的结构是否可以恢复等，以便采用合适的方法。拼对时按照自下而上、由上而下、两头合拢的顺序进行，将编号相邻或相近的残片按大小、部位、形状、茬口、颜色、厚度、纹饰图案等确认互配，编号记录。一般从底部或最稳定的能起支撑作用的部位开始，用纸胶带固定，胶带粘接方向与裂缝垂直。对表面有彩绘或表面较疏松的陶器，可从内部固定。对于小片陶片，选用可逆性、强度小的胶粘接。试拼完成后，打开纸胶带，按顺序摆放好，若残片多，可进行编号，绘图记录。

（二）粘接面的清洁

粘接陶器的残断面一定要保持清洁、干燥，粘接前先用羊毛刷或洗耳球吹洗干净，或用棉签蘸适量的乙醇或 2A 溶液（水：乙醇 =1：1）清洗粘接面，使粘接面保持清洁，以保证粘接的效果达到最佳。

（三）粘接面可再处理层

陶器粘接前先在清洗干净的残断面刷涂一层保护处理材料，使之具有可再处理性。目前常用的有 3%—10% B–72/ 乙酸乙酯溶液、10%—20% Mowital B30 H 聚乙烯醇缩丁醛树脂溶液；涂刷残断面作为可再处理层，目的一是对残断面进行渗透加固，二是对黏结剂与粘接面进行隔离，便于以后需要时再次打开残断面，以符合文物可再处理性的原则。刷涂时先用低浓度，再用中浓度进行可逆层处理，注意涂刷试剂应尽量薄，如涂刷得较厚会影响到粘接的效果。待可再处理层完全干燥后，再涂刷黏结剂进行粘接，以备将来科技发展有更新更好的材料时加以替换。采用丙烯酸树脂为隔离层、环氧树脂为黏结剂的方法，可以降低环氧树脂的粘接强度，以后需要打开粘接面时，可以用乙醇或丙酮溶解隔离层。

（四）选择和调配黏结剂

选择合适的黏结剂，建议大件陶器选用 WSR6101（改性地环氧树脂胶）/ 固化剂为低分子 650/ 组，小件陶器选用 UHU Plus（endfest 300）或合纵 AAA 超能胶 /AB 组。先调配适合比例的黏结剂，并充分搅拌均匀，对于残断裂缝较大的陶器，适当加入陶粉、滑石粉以及矿物色粉进行调和。在调和中需要注意加入填料的量，不可太多，以免降低粘接强度。调配黏结剂的颜色应尽可能接近陶器胎体的颜色，同时需要注意固化时间，对于固化速度较快的黏结剂，尽可能减少一次的调配量。

（五）粘接

粘接顺序：陶器从底足、顶部开始由两头往中间粘接。每一阶段涂胶后用专用工具和捆扎带固定。粘接的顺序不是唯一的，应根据残破的程度和部位灵活调整而定。

从底部或顶部开始，兼顾直观，小片相连，整体粘接，一般是从器物的底部往中间粘接，由下至上粘接，同时由上至下粘接，然后再整体合拢粘接。如果遇到自重较大、粘接面较小的陶器时，需要制作支撑物（可以是沙盘、油泥或专制木框等）予以辅助。对于病害严重、碎片较多的部位，可先进行试拼接，并记录好相应的顺序号；粘接完后用橡皮筋、轧带、紧固绳予以固定，放入沙盘或安全的地方。

（六）涂胶

用牛角刀或者竹签调取适量调配好的黏结剂涂抹在残断面的中心部分，切不可正面涂抹，以避免胶层因固定后挤压而流入陶片表面，挤压出来的胶用无水乙醇等溶剂及时擦拭干净。

（七）修整

等待粘接面完全固化后将胶带去掉，用热手术刀剔除外流的胶液，修整粘接面。

五、瓷器的粘接

（一）拼对

首先把清洗干净的瓷片平铺于修复桌面上，通过观察每片瓷片的大小、形状、纹饰等外观信息进行模拟比对，然后归纳整理。一般根据器物的器型情况，将各部位对应的瓷片，按照口沿、颈部、腹部、底足特征进行排列，然后进行瓷片拼对，并使用胶带纸对其进行临时粘接，将所有瓷片根据器型特征粘接成型以后，在每片瓷片上贴上标号，从而确保后续粘接的效率。标记完成以后，小心地将临时粘接的胶带纸去除，并按照标记将瓷片重新摆放于修复桌面上。

（二）粘接面处理

为了提高粘接的效果，在正式进行粘接前，应再一次对瓷片粘接面进行清洗。一般采用棉签蘸取酒精对粘接面进行小心擦拭，确保粘接面干净。

（三）调胶

选择合适的黏结剂，使用电子天平进行精准调配，调配完成的黏结剂用搅拌工具充分搅拌均匀。

（四）粘接

可以使用小画笔等工具蘸取适量调配好的黏结剂涂抹于瓷片粘接面上，然后将两片瓷片按照断面情况进行小心贴合，要确保贴合得严丝合缝。贴合完成以后，使用胶带纸或者热熔胶对其进行局部临时固定。根据前期拼对的情况，将瓷片依次粘接，粘接成形以后需要进行整体调整，将粘接不平整的瓷片进行微调，以确保整体平整性，最后用棉签蘸取适量酒精等化学试剂擦去瓷片粘接处多余的黏结剂。

（五）临时固定

由于一般黏结剂固化时间较长（完全固化往往需要超过 24 小时），所以当粘接完成以后，为防止固化过程中因器物自身的重力等因素造成瓷片错位的发生，可以使用固定架、沙盘等方式对器物进行整体临时固定。

（六）修整

当黏结剂完全固化以后，应小心去除作用在器物身上临时固定的工具、材料。去除器物身上的固定夹、胶带纸、热熔胶等，并对附着在器物表面的相关材料残留物进行清除，恢复器物表面的整洁。

思考题

1. 根据所修复陶瓷器的具体情况，选择最适合的粘接方法进行操作练习，并记录过程心得，方便日后提高粘接技巧。

第六节　补全

补全是指对陶瓷器残缺部分进行补缺，恢复器物的稳定性，复原器物的原有造型特征。

一、补全遵循的原则

对陶瓷器残缺处进行补缺时，应该针对不同的器型种类及不同的破损情况、修复目标采取不同的补全措施。必须在充分认识陶瓷器的整体形态和残缺情况的基础上，在尊重历史价值和艺术价值的要求下开展合理的补全工作。任何的补全都需要以科学严谨的事实基础为依据，杜绝主观臆断，不得随意添加、歪曲、创造。

补全时必须遵守以下原则。

（一）历史真实性

历史证据和文献资料能够提供碎片与残缺部分的补全信息，所以在进行补全时，应尊重历史性和美学性，在进行补全工作时必须对陶瓷器的艺术风格进行研究，以确保补全效果能体现该文物的原始风貌。一件陶瓷器，不同时期各种因素都会在器物上表现出各种信息，要尊重它的历史性，不能凭主观想象去臆造或创造，对陶瓷器的风格进行补充或修改。

（二）最小干预性

尽可能多地保留原件及原有结构位置，尽可能地按照原器物的艺术风格、形制进行连接。将人为附加部分用在最有必要补全的地方，只要不影响器物力学稳定性，就不要刻意去弥补表面的残缺不全，否则反而会造成历史赝品。

（三）可识别性

补全部分所采用的材料要在质感上与原器物相接近。针对不采用着色环节进行修复的陶瓷类文物，需要在补配颜色上与原器物相匹配，避免产生突兀的感觉，使其达到与原器物和谐统一的色调，形成“远看一致，近看有别”的效果（图 4–11）。

图 4-11　可识别修复

（四）可再处理性

任何修复行为都是对文物的一种干预。进行残缺补全时，无论处理方法还是选材，都应该充分考虑到可逆性，即补全部位易于拆除，不影响和损坏文物的原始材料。暂时的保护修复，不能影响以后的再次修复。

（五）材料兼容性

补全所使用的材料必须是可逆的、兼容的产品。选用的补全材料应同陶瓷器的原材料及其病害程度相适应，原材料与被选材料在物理、化学等性能上必须是相接近的，不能改变和破坏陶瓷器的原材料。

（六）安全耐久性

残缺补全所选用的材料与方法，除具有可逆性外，还不能对陶瓷器造成新的损害，并有利于长期保存。

二、补配的方法

古陶瓷修复的补配方法相对来说较为丰富，补配按照技法，可以分为填补法、翻模法、塑形法、瓷配瓷法、3D 打印法等；按照材料可以分为石膏补配法、复合材料补配法、环氧补土补配法、无机材料补配法等；按照破损情况可以分为线性补配法、小面积填补法、大面积翻模法、立体塑形法等。

图 4-12　线性补配法

（一）线性补配法

古陶瓷的破损情况里，破碎、裂缝等是最为常见的病害情况。当破碎的陶瓷片经由黏结剂粘接成形以后，在器物身上会出现粘接缝，通过肉眼观察或显微观察，可以发现粘接缝还存在着一些细微的间隙纹。这一方面是因为黏结剂没有完全填充整条粘接缝，另一方面是因为粘接过程中，碎片与碎片之间并没有粘接得严丝合缝，造成了细微的落差。补配的目的就是填充粘接缝中的细微间隙和补平拼接形成的细微落差，从而提高器物粘接的稳定性和完整性，也为下一步着色环节打下一个坚实的基础。这种粘接缝的补配应采用线性补配法。这种方法主要适合粘接缝的补配、裂缝加固后的补配等（图 4-12）。

以复合材料作为补配材料，使用线性补配法对粘接缝进行补配的操作方法如下。

1. 首先用蘸取酒精的棉签擦拭粘接缝，清洗其表面的灰尘和污渍。

2. 用电子天平调配好环氧树脂，并加入合适的滑石粉、色粉搅拌均匀成面糊状，制作成补配复合材料。注意其颜色要与粘接缝周围的颜色相接近，便于后续的着色环节。

3. 用牛角刀等工具调取适量的复合材料，轻轻按压并涂抹于粘接缝，使材料充分填充该缝，复合材料不宜过多，宽度控制为 2mm—5mm（如果是补拼接的落差则可适当扩大宽度），高度略高于器物表面即可。多余的补配材料可用牛角刀等工具刮去，操作时要留意调配材料的固化时间，避免因操作时间太长导致材料固化，从而影响补配效果。

4. 补配完成以后，注意器物摆放位置，尽量避免补配区域被遮盖挤压，从而影响补配的效果。

（二）小面积补配法

小面积补配法针对的是古陶瓷器物小范围的破损情况，一般破损的面积在 $2cm^2$ 以内。这种情况下，一般可以用胶带纸作为补配材料的支撑面，在需要补配的区域下方用胶带纸封住，然后将调配好的补配材料涂抹上去即可。这种方法主要适合小面积的缺损部位、平面为主的缺损部位。

以复合材料作为补配材料，使用小面积补配法对粘接缝进行补配的操作方法如下。

1. 用蘸取酒精的棉签擦拭缺损处断面，清洗其表面的灰尘和污渍。

2. 选取大小合适的胶带纸粘贴于需要补配的缺损处。

3. 用电子天平调配好环氧树脂，并加入合适的滑石粉、色粉搅拌均匀成面糊状，制作成补配复合材料。注意其颜色要与缺损处周围的颜色匹配，便于后续的着色。如果缺损的区域有纹饰，则与器物的胎釉颜色相互匹配即可。

4. 用牛角刀等工具调取适量的复合材料，轻轻按压并涂抹在断面处，并使材料充分填充于该缺损区域。为了提高补配的效率，减少反复补配的情况，一般补配的区域略微大于缺损的区域，但不宜过大，以免增加后续打磨的工作量。

5. 由于补配复合材料在未固化之前具有一定的流动性，会受重力影响产生一定的变形，所以在调配补配复合材料时，应提高滑石粉等填充材料的比例，减少黏稠感；同时增加胶带纸的用量，以此来减少补配区域的变形。

（三）大面积翻模法

大面积翻模法针对的是古陶瓷器物大范围的破损情况，一般的破损面积大于 $2cm^2$ 时普遍利用翻模材料进行辅助补配，以提高补配区域的精准度（图 4–13）。

以下为以打样膏作为翻模材料，对瓷器缺损处进行大面积翻模补配的过程。

1. 用蘸取酒精的棉签擦拭缺损处断面，清洗其表面的灰尘和污渍。

2. 根据缺损面积，选择大小合适的打样膏放置于硅胶碗中，加入热水，使其浸泡软化（浸泡时间一般在 5min—10min）。此过程中，用毛刷蘸取凡士林等脱模剂涂抹在需要翻模的区域，涂抹的区域可略微大一点，以便于脱模。涂抹完成以后，选取大小合适的已经软化的打样膏捏合成片，贴敷于已涂抹凡士林的翻模区域，并轻轻按压，使其能完全紧贴器壁；完全贴服以后等其自然冷却，时长一般为室温下 10min 左右，冷却以后轻轻取下外模。

3. 取下的打样膏外模先用无尘纸吸干表面多余水分，接着用毛刷蘸取凡士林等脱模剂涂在需要填充补配材料的区域，涂抹的区域可略微大一点，以便于脱模。然后将其放置在缺损区域，并根据缺损区域的具体情况，细微调整摆放位置，以确保能与器物贴服，然后用胶带纸或固定架将其固定住。

4. 用电子天平调配好环氧树脂，并加入合适的滑石粉、色粉搅拌均匀成面糊状，制作成补配复合材料，注意其颜色要与缺损处周围的颜色匹配，便于后续的着色。如果缺损的区域有纹饰，则与器物的胎釉颜色相互匹配即可（图 4–14）。

5. 用牛角刀等工具调取适量的复合材料，涂抹在打样膏外模上并轻轻按压，使材料充分填充于该缺损区域。为了提高补配的效率，减少反复补配的情况，一般补

图 4-13　打样膏翻模

图 4-14　补配前后颜色调整

配的区域略微大于缺损的区域，但不宜过大，以免增加后续打磨的工作量。

6. 补配完成以后，为了减少补配材料的流淌性，可适当调整器物的摆放位置，一般尽可能使补配区域保持水平位置，让补配材料能平躺于打样膏外模上。如果缺损区域弧形较大，可以按照之前的翻模方法制作一个内模，通过内模与外模紧贴，可以保证缺损处的补配材料处于一个较稳定的状态，提高最终的补配效果。

7. 等补配材料完全固化以后，移除胶带纸、固定架等材料，取下打样膏外模即可。

（五）石膏补配法

（请扫描版权页上的二维码，观看教学视频）

石膏补配法需要用到的工具和材料有带刻度的转盘、铲刀、塑形刀具、容器、搅拌棒、勺子、细沙、电动打磨机、锉刀、砂纸、石膏粉、水。

修复步骤：组装转盘，用黑色签字笔画出刻度线。取适量的细沙放到转盘上，旋转残缺的器物，得到一个缺损部位的细沙内模。用铲刀将细沙内模拍打紧实，并去除多余细沙，将残缺器物放回细沙内模上，用勺子将调好的石膏一层层叠加在细沙内模部位，达到器物本身的厚度，用铲刀修整造型，并去除多余石膏，静置待石膏干燥后取下器物。先用塑形的刀具用削、刮的方式将大形塑好，再用电动打磨机、锉刀、砂纸进行打磨，直至表面平滑（图 4–15）。

（六）立体塑形法

立体塑形法主要适用于古陶瓷某一部位的缺损，不适合进行翻模的部位，例如执壶的把、流等等。一般采用补配材料直接塑形，并根据具体形状进行逐步调整，以达到符合要求的形状，然后用黏结剂将该配件直接粘接到器物上。同时根据具体的破损情况，也可以在原破损处使用补配复合材料直接塑形。

以下是先制作配件再粘接的立体塑形法的具体步骤（图 4–16、图 4–17）。

1. 通过观察器型特征，并结合相应的文献资料，绘制需要塑形的部件草图，确定其准确的形状、大小、构造以及细部特征。

2. 调配合适的塑形材料，一般使用环氧树脂、矿物色粉、填充材料（滑石粉）作为常用的塑形材料（补配复合材料），根据需塑形部件的大小，按照准确的比例调配出黏度适中（黏度类似于糯米团）的塑形材料，然后根据塑形部件特征进行揉捏，并使用雕塑刀对其进行整形。整形过程中要注意塑形材料的固化时间，应选择最佳的时长，从而提高整形效果。

3. 整形完成以后，使用打磨材料对其进行适当的打磨调整。复杂的塑形部件往往不能一次塑形成功，需要通过反复的补配打磨，才能达到最佳的塑形效果。

4. 塑形完成以后，需根据器型的具体情况，用黏结剂将塑形部件粘接于器物表面，达到补配的效果，从而恢复器物的完整性（图 4–18、图 4–19）。

图 4–15　补配打磨前后对比

图 4–16　修模刀

图 4–17　修复过程

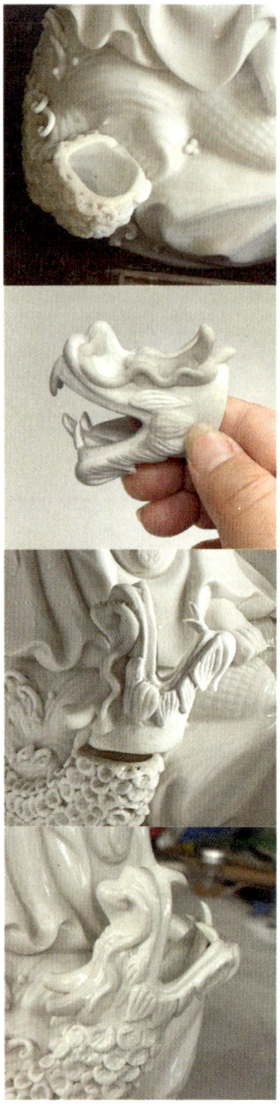

图 4-18　观音像龙头缺失的塑形

图 4-19　观音像龙头补缺完成

三、补配的相关注意事项

（一）大面积的补配往往需要多次补配才能达到较好的效果。

（二）补配时要掌握好操作时间与补配材料固化时间，以确保补配的效果。

（三）不同补配区域的补配材料应尽可能统一。

（四）补配颜色要尽可能与原器物协调统一，每次补配颜色要尽可能地接近统一。

四、打磨

打磨是对补配区域进行修整的步骤，去除多余的补配材料，达到平整顺滑的效果，使补配的区域更加符合原器物的整体结构造型，同时也为下一步的着色打下一个良好的基础。打磨是古陶瓷修复中非常重要的步骤。古陶瓷的种类繁多、造型多变、工艺复杂，同时破损的情况又不尽相同，为了使得补配区域能符合原器物造型的真实性、美学性，细致的打磨是至关重要的一环。补配环节更多的是恢复器物结构的完整性，打磨则突出恢复器物造型的准确性、美观性。每一次的打磨都需要对原器物造型、各细节部位有一个深入的认识和理解，在有例可循的基本原则下，运用合理的打磨方法和打磨工具材料对补配区域进行打磨，使该器物呈现出原有整体结构造型的美感。

打磨按照工序来分的话，可以分为粗打磨和精打磨。粗打磨是对补配区域进行整体造型的调整和加工，用来去除多余的补配材料，恢复器物基本的造型结构的和谐统一。精打磨则是对经过粗打磨的补配区域进行深度的调整，并获得更佳的触觉效果，使补配区域与原器物之间过渡更加自然平整顺滑，也为下一步的着色环节打下一个坚实的基础，着色环节对于补配区域平整度的要求极高，所以只有通过精细打磨才能达到着色的要求。

（一）粗打磨

1. 粗打磨使用的设备和工具

粗打磨主要使用的工具有打磨机、各式磨头、各种锉刀、砂纸、手术刀片等。

清洁工具为小型吸尘器。

2. 粗打磨的方法

（1）首先是对原器物区域进行适当的保护。可以用美纹纸对补配区域外围进行粘贴保护，防止打磨工具对原器物造成胎体、釉面的损伤。

（2）观察器物原有的破损情况，补配材料过多的区域可以用打磨机进行粗打磨，提高打磨的效率。在使用打磨机时要小心细致，不可用于打磨补配边缘与原器物接壤的区域，以防止损伤器物。打磨时要时刻关注打磨对象与原器物造型特点，防止打磨过度。也可以使用锉刀对补配区域进行粗打磨，根据具体的补配情况和打磨要求，选择合适尺寸、造型、精细度的锉刀，不可用于打磨补配边缘与原器物接壤的区域。锉刀在进行打磨的时候，发力方向应保持一致，切不可用锉刀来回打磨，或重压锉刀，以免造成补配区域脱落。因为锉刀的刀削力较大，所以在打磨时要时刻观察打磨情况，避免打磨过度。打磨过程中要及时清理粉尘，并做好个人防护措施。

（3）器物经过打磨机和锉刀的粗打磨以后，可用砂纸进行打磨，一般选用颗粒大、目数低的砂纸进行打磨，并逐步提高砂纸的目数大小。粗打磨牵涉打磨补配边缘与原器物接壤的区域时，需要用以玻璃砂为主要打磨材料的砂纸，也可以使用手术刀片对该区域进行刀刮。在打磨中要细致有耐心，避免损伤器物。打磨过程中要及时清理粉尘，并做好个人防护措施。

（二）精打磨

1. 精打磨使用的材料和工具

各种砂纸、打磨抛光布、手术刀片。

2. 精打磨的方法

（1）以精细的砂纸进行细致的打磨，砂纸一般按照目数由低到高选择，打磨的方式可以采用打圈法，以确保用力的均匀，防止打磨过度。砂纸最好剪成小块，以便于操作。精细打磨的要求是补配区域看不到打磨的划痕，同时用手触摸手感平滑光洁，与原器物接触面过渡自然，平整顺滑。

（2）接着要对该区域进行适当的抛光处理。可以用目数更高的砂纸或者打磨抛光布进行简单抛光处理，并为下一步的上色打下基础。

（三）打磨注意事项

1. 打磨不可损伤原器物，要做好一定的保护措施，将风险降到最低。

2. 打磨的造型、纹饰等要符合原器物特征，不可主观臆断。

3. 打磨时要做好个人防护措施，戴好口罩，并及时清理桌面。

4. 打磨的工具、材料不是一成不变的，要学会借助辅助的工具（如砂纸内包裹方形木块或圆形木条），提高打磨效率和打磨效果。

5. 打磨下来的粉尘要及时清理，特别是陶器打磨时，要边打磨边吸尘，防止污染器物。

6. 要时刻观察打磨区域与原器物的造型关系，避免打磨过度。

7. 一般情况下，在粗打磨以后，发现有区域仍有缺损或有部分打磨过度现象时，可集中补配，补配完成以后可进入精打磨环节。

8. 陶器类等表面粗糙的文物，在打磨的过程中需要进行表面肌理的模仿处理。

思考题

1. 任选补全步骤中的一步进行具体尝试，从材料、方法或工具设备的角度做简单研究与实践，并形成报告。

第七节　着色

着色是指对修复区域进行着色处理，使其颜色、纹饰、质感、肌理与原器物和谐统一，从而达到修饰、淡化修复痕迹的效果，恢复文物的整体风貌，满足展示利用、收藏研究的要求。由于不同的修复理念、不同的修复目标，着色方法存在一定的区别。考古修复类侧重于恢复器物的结构完整性，对着色要求不高，有时甚至不着色；可识别性修复在恢复器物的结构完整性的基础上，对修复区域进行适当的接近色处理，采用的方法包括“点彩法”等，使修复的区域在颜色、纹饰等方面与原器物接近但略有区别，在视觉上达到与原器物基本的统一，但又可分辨修复区域的修复方法；本章节中的着色，则更加侧重于传统的着色技法的研究，即修复的区域要与原器物尽可能地接近，并达到和谐统一的效果。

一、着色的原则

（一）可逆性原则

着色中的可逆性原则指的是所用的着色材料易清除，在清除的过程中不对文物产生影响。

（二）最小干预原则

在着色环节中通过准确的着色技法、合理的着色范围，尽可能地保留原器物的本体信息。如今对于破损严重的器物，一般会采用可识别性修复的着色方法，以减少过度着色对文物本体的干预。

（三）有例可循原则

缺损区域的着色处理，只有在对原器物的本体信息充分了解的情况下，才能对原器物的颜色、纹饰、质感、肌理等方面进行模仿处理。特别是破损陶瓷器中缺损区域的纹饰等细节特征，在还原的过程中必须有例可循，不可主观臆断。

（四）安全性原则

着色中使用的着色技法、工具、材料不会对文物本体造成损伤，也不会对修复人员造成身体伤害。

（五）环保性原则

着色中使用的着色技法、着色工具、着色材料不会对环境、文物造成严重污染。

二、色彩原理

着色环节要求修复人员具有一定的色彩敏感度。首先要能分析原器物中不同颜色种类，并能用颜料通过掌握的调色技巧，准确调配出原器物中所需的颜色，使修复区域达到与周围较为一致的着色效果。

所有色彩都具有色相、纯度、明度这三要素。

（一）色相

色相指不同色彩相互区别的基本色彩特质，是不同波长的光给人的不同的色彩感受，如红、橙、黄、绿、青、蓝、紫等各种色彩相貌。自然界中，红、黄、蓝是不能再分解的基本色，称为三原色。由两种原色混合成的橙、绿、紫称为间色。由一种间色和另一种原色混合而成的色，如黄橙、红橙、红紫、蓝紫、蓝绿、黄绿，被称为复色。这样，原色、间色、复色就组成 12 种色相的色相环。在色环上处于相对位置的两种颜色称为互补色，如红色和绿色、蓝色和橙色、黄色和紫色。当一对互补色相互混合，它们会相互中和，令色彩变得灰暗。

（二）纯度

纯度指色彩中单纯色彩的含量浓度，纯色的含量越高，其纯度也就越高，颜色就显得越饱和，故纯度又称作饱和度，也称为鲜度或彩度。红色是纯度最高的色相。橙、黄、紫等色是纯度高的色相，蓝、绿色是纯度低的色相，它们不同程度地带有灰色的成分，使得色彩呈现不同的非饱和状态。颜色中加入白、黑、灰、补色等都会降低其纯度，使颜色灰暗。

（三）明度

明度又称亮度，是颜色的深浅变化所产生的明暗感觉。不同的颜色具有不同的明度，在颜色中白色的明度最高，黑色的明度最低。

（四）相融呈色

一般来说，将红色、黄色、蓝色、白色、黑色按不同的比例调和，能调配大部分的颜色。以下是常见颜色的调配方法：

草绿、嫩绿 = 天蓝色 + 黄色

墨蓝 = 天蓝色 + 黑色少量

人物的皮肤颜色 = 红色 + 黄色 + 白色

粉柠檬黄 = 柠檬黄 + 纯白色

藤黄色 = 柠檬黄 + 玫瑰红

橘黄色 = 柠檬黄 + 玫瑰红

土黄色 = 柠檬黄 + 纯黑色 + 玫瑰红

熟褐色 = 柠檬黄 + 纯黑色 + 玫瑰红

粉玫瑰红 = 纯白色 + 玫瑰红

朱红色 = 柠檬黄 + 玫瑰红

暗红色 = 玫瑰红 + 纯黑色少量

紫红色 = 纯紫色 + 玫瑰红

赭石红 = 玫瑰红 + 柠檬黄 + 纯黑色少量

粉蓝色 = 纯白色 + 天蓝色
蓝绿色 = 草绿色 + 天蓝色
灰蓝色 = 天蓝色 + 纯黑色
浅灰蓝 = 天蓝色 + 纯黑色 + 纯紫色
粉绿色 = 纯白色 + 草绿色
黄绿色 = 柠檬黄 + 草绿色
墨绿色 = 草绿色 + 纯黑色少量

三、着色的环境要求

（一）光照要求

着色环节，需要开展调配颜色、绘制纹饰、罩色上光等工序，对操作环境的光照具有一定的要求，舒适合理的光照范围有利于着色工序的顺利开展，能保证着色的效果。其中光照强度是确保具体修复工作开展的一个重要因素。合理的光照强度能保证修复师在操作时能清晰观察文物本体细节特征，精准实施着色技法。一般来说光照的强度应控制在小于 700Lux。色温则是确保调配的颜色与器物相匹配的一个重要影响因素，因为在不同的色温下面，颜色会有略微的变化，不合理的色温参数将使得修复区域颜色与原器物发生偏差，从而影响修复效果。一般来说色温要求控制范围为 5000K—6000K。

（二）温湿度要求

古陶瓷修复中的着色材料对温湿度具有一定的要求，合适的温湿度能保证着色工作的顺利开展，同时也有利于保证修复效果。特别硝基清漆等着色材料，在湿度较高的情况下附着力会降低，同时光泽度也会降低，所以着色环节工作室的环境温度应控制在 15℃—25℃，湿度应控制在 65% 以内。

（三）通风要求

着色环节使用的部分着色材料以及对应的稀释剂具有一定的毒性和挥发性，为了保证工作环境的安全环保及保护修复人员的身体健康，在开展着色工作时，应确保有专门的吸附有毒有害气体的抽风系统，或者应在专门的通风操作柜中进行着色操作。

（四）设备工具要求

着色环节需要使用一些较为重要的修复设备和工具，包括喷笔、气泵、干燥箱等。为了保证修复工作的顺利开展，保证修复效果，文物修复师一方面要合理规范使用修复工具，另一方面对喷笔等工具要做好保养工作，用完要及时清理和保养。

四、着色的一般方法

（一）对本体要充分地研究

在开展具体的着色环节之前，一定要对原器物的基本信息有一个全面的了解，同时对器物的细部特征，包括釉色、纹饰、肌理，有一个准确系统的认识。以青花瓷器的修复为例，在着色之前，要全方位地观察分析器物本身的形态特征，包括胎釉的颜色、青花钴料的颜色、青花纹饰的不同画法、破损的不同情况以及针对青花的一些细节特征例如釉下彩等，通过系统的分析整理，再运用合理的技法和修复材料，使得修复部分达到与原器物在视觉程度上的和谐统一。

（二）颜色一定要把握准确

不同的陶瓷器有着不同的颜色，这是由于陶瓷器的原料差异以及烧造工艺的不同。一般来说，陶瓷器自身的颜色由三部分组成，一是胎，二是釉，三是彩绘。其中陶质文物主要有两种情况，一种是胎，一种是胎 + 彩绘；瓷器主要有两种情况，一种是胎 + 釉，类似于单色釉、越窑等，另一种是胎 + 釉 + 彩，包括青花瓷、粉彩等。在着色环节，以紫砂紫泥壶作陶质文物的着色例子，我们通过放大镜观察，可以看到里面含有不同颜色的颗粒。在确定了原器物颜色的基础上，我们通过调色得到所需要的颜色，并根据颜色的构成及分布情况合理地模仿，才能达到一定的修复效果。

（三）肌理一定要模仿到位

在确定好准确的颜色的基础上，还需要分析其肌理的特征或者纹饰笔法的特征，因为光颜色准确是不足以达到修复效果的。通过仔细观察原器物的肌理特征包括颜色的分布情况，颜色颗粒的疏密、大小，图案纹饰线条的粗细变化，图案色块的浓淡变化，光泽度的微妙情况等来进行分析整理，并利用合适的着色技法，去模仿和还原。

（四）做好前期模拟实验再进行操作

在正式着色前，应尽量做好前期模拟实验。可先在瓷板上模拟相应的纹饰、图案、色彩，当与原器物的特征相近以后，方可在补缺区域进行上色处理。

（五）着色过程要反复推进

着色是古陶瓷修复中的难点，用着色材料和着色技法模拟自然烧造的陶瓷器质感具有一定的难度，因为两者的工艺是完全不同的。所以着色环节需要慢慢推进，步步调整。以青花瓷器为例，着色中青花的线条纹饰并非一步到位，而是层层叠加，一次次进行适当的调整，最终调整成合适的颜色与线条。

五、着色的常用技法

着色技法是指运用不同的修复材料、修复工具而产生不同的修复视觉效果，从而来模拟古陶瓷的釉色、纹饰等细节。着色技法主要包括笔绘法、弹拨法、喷绘法。

（一）笔绘法（图 4-20）

图 4-20　笔绘法

用画笔蘸取调配好的颜色，通过画笔形成“点”“线”“面”，其中“点”可以模仿陶瓷器中的颜色颗粒，“线”可以模仿陶瓷器中图案的轮廓线、弦纹等，“面”可以模仿釉面颜色、纹饰中的色块等。

（二）弹拨法（图 4-21）

（请扫描版权页上二维码，观看教学视频）

图 4-21　弹拨法

使用拨片弹拨已蘸取颜料的油画笔头，形成不同大小、疏密、颜色的颗粒团，通过颗粒团的不同叠加形成丰富的肌理效果。此法多用来模拟陶质文物的表面颜色肌理特征或瓷器中含有的颗粒表面特征。

（三）喷绘法（图 4-22）

（请扫描版权页上二维码，观看教学视频）

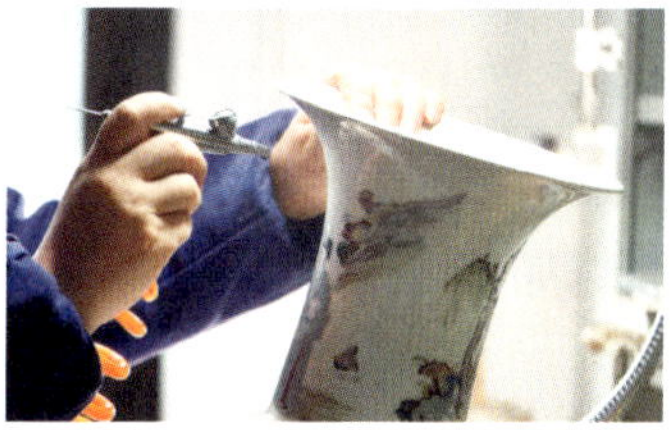

图 4-22　喷绘法

在喷笔中倒入调好的颜色，利用气泵将喷笔中的颜色喷绘在修复区域，可以形成“面”，也可以形成“线”，从而使修复区域能均匀上色。

六、着色的一般步骤（以釉下彩瓷器为例）

中国陶瓷文化历史悠久。古往今来，中国人创造出了丰富多彩的陶瓷品种，它们按照材质可分为陶器和瓷器，陶器主要有素陶、彩陶、彩绘陶、铅釉陶，瓷器的种类就更加繁多，包括颜色釉、釉下彩、釉上彩、斗彩等等。清唐英《陶成纪事碑》记载御窑厂烧制的颜色釉就有 35 种之多，可见瓷器名目繁多，品种多变。如此丰富的陶瓷器种类，也为保护修复带来了巨大的挑战。特别是在着色环节，不同的种类，其修复的技法也有所不同，为了模拟出原器物自身的釉色特点，文物修复师不仅需要掌握熟练的修复技法，而且需要了解不同陶瓷种类在修复中着色的一般步骤。以下以釉下彩瓷器为例，探讨其保护修复中着色环节的一般步骤（图 4–23、图 4–24）。

釉下彩是瓷器的一种主要装饰手段，是用色料在已成型晾干的素坯上绘制各种纹饰，然后罩以白色透明釉或者其他浅色面釉，一次烧成，烧成后的图案被一层透明的釉膜覆盖在下边，表面光亮柔和，显得晶莹透亮，其主要的种类包括青花、釉里红等。所以为了模拟釉下彩瓷器的施釉与烧造工艺的特点，着色一般在打磨平整的补配区域先制作底色，模拟胎的颜色，然后绘制纹饰，最后制作仿釉层，模拟瓷器表面的透明釉膜，从而使修复区域呈现与原器物相同的颜色、质感，达到修复的目的。

（一）制作底色

底色处理过程需要进行二个色层的处理。第一层是基底层，它主要起到的是遮盖的作用。第二层是过渡层，这层需要解决基底色与原器物胎釉的过渡问题，以基底层的颜色为基础，调配半透明的过渡层，对基底层进行喷绘处理，特别是基底层与原器物胎釉的交界处要细致地喷绘，并避免面积过大。第三层是透明的隔离层，主要为了防止底色与纹饰层的相互干扰，添加隔离层，有利于纹饰层在进行修改调整时不造成对底色的破坏。

（二）绘制纹饰

在绘制纹饰的过程中，要重点考虑三个因素：图案、色调、笔法。图案是绘制纹饰的基础，要确保补绘的纹饰图案的轮廓形状、大小符合原器物，并且有准确依据，方可进行绘制，在绘制前应该先在瓷板上模拟。色调则是绘制纹饰的关键，颜色只有与原器物匹配才能达到补绘图案与原图案色调的协调统一。在调色时，首先分析颜色，确定纹饰颜色的基调，然后根据这个基调调出该纹饰中最浅的基本色，用来进行图案轮廓的勾线。对于较深的色调，则在基本色上进行调整加深，然后逐步上色，由浅入深最终达到理想效果。每种纹饰还会因为画工在绘制技法上的差异而形成不同的笔法。以青花为例，元代青花纹饰采用大笔描绘法，明永宣青花则采用小笔勾画法。不同的笔法会形成不同的艺术风格，所以在修复中，需要模仿不同时期的笔法特点，尽可能地还原出其自身的艺术特点，这样，一方面能使修复的区域与原瓷器在画风上和谐统一，另一方面也能真实还原原器物的美学特点。所以笔法的模仿要首先对原器物的笔法有深入了解，然后借助不同的着色技法来完成。

（三）制作仿釉层

仿釉层有两种作用，第一种是起到保护底色以及纹饰的作用，第二种则是模拟瓷器的玻璃质感。一般采用喷绘法来绘制仿釉层，并且根据原器物的釉层厚度来决定上仿釉层的次数，以此达到相应的仿釉效果。当喷绘完成相应层数（1—3 层）后可进行适当的打磨抛光，使得补缺处的光泽度与原器物相匹配。

图 4-23 青花原图

图 4-24 青花着色流程（勾线—填色—抛光—调整）

思考题

1. 在瓷板上尝试每种着色技法和着色完整步骤，并选择一件陶瓷实物，在瓷板上模拟釉色肌理效果或纹样肌理效果。

2. 根据所学知识，完成一件陶瓷修复，并附完整修复方案、修复日志和修复报告。

第八节 养护

陶瓷类文物作为可移动文物，承担着陈列、收藏、研究等功能，这也导致文物将面临复杂多变的外部环境。它包括存储柜、展览柜、囊匣等静态环境，也包括文物取放、运输等动态环境。环境的变化容易对文物本体安全带来隐患，例如温湿度的剧烈变化一方面会对陶瓷类文物的胎釉造成损伤，另一方面也会对施加在文物身上的修复材料带来影响，加速修复材料的老化。同时不当的养护管理也会伤害文物本身，例如在取放中的不规范操作，提高了文物受到损伤的风险；缺乏日常维护，则会使文物受到灰尘、污垢的污染。所以对文物保存环境的把控以及规范的养护管理，能最大限度地保证文物的安全。

在养护环境中，影响文物的因素主要有温度、湿度、光照、空气质量、振动这五个方面。在养护管理中，则需要注意包装、储存、取放、运输、展览、养护这六个方面对文物的影响。

一、养护环境

养护环境的指标一般包括光照控制、温湿度控制、空气质量控制、微生物控制，需要满足《博物馆藏品管理办法》《博物馆藏品保存环境试行规范》等标准或规范化文件制定标准下陶瓷类文物保存环境。同时对需要进行保护修复的陶瓷类文物，还需要了解施加在具体文物上的加固材料、粘接材料、补配材料（环氧树脂等）、上色材料、仿釉材料等修复材料的化学特性、耐老化情况等，并提出适宜这些材料的最佳保存环境。

（一）温度

环境温度的激烈变化，会使得陶瓷类文物中的胎、釉、彩绘、修复材料等都发生收缩与膨胀。它们各自膨胀系数的差异，会损坏胎釉结构、彩绘层与陶胎结合力、修复材料与文物本体的附着力，从而造成釉面、彩绘层、修复材料的破碎与脱落。同时温度的变化也会对修复材料产生破坏作用，加剧其老化程度，导致石膏、仿釉材料等修复材料破碎、起皮、脱落。因此，为了使陶瓷类文物能稳定保存，修复材料能持续地承担保护功能，陶瓷类文物适宜保存和展出的温度为15℃—25℃，温度日波动范围≤ 4℃。由于不同的修复材料属性存在差异性，在满足基本安全温度的前提下，文物修复师可对保存环境进行适当的调整，提出更合理的温度建议。

（二）湿度

环境湿度的变化对釉陶影响很大。釉陶的孔隙率较大，随着湿度的变化，胎体会不断地吸湿放湿，由于吸湿膨胀而引起张应力的反复作用而产生釉层剥离的现象。陶器属于多孔材质，当其内部含有可溶盐时，随着湿度的变化，可溶盐会反复溶解和结晶，结晶导致体积膨胀，膨胀的作用力作用于陶器表面，会导致陶器表面的酥松、粉化等情况。湿度也会导致陶瓷出现化学反应，当湿度较大，器物表面会形成水膜，并与空气中的二氧化碳、二氧化硫、三氧化硫等发生反应，从而使釉面的透明度降低，不具有光泽。这种现象称为淋溶，它使釉上彩的陶瓷器出现褪色、釉彩剥落等现象。

同时湿度也会影响修复材料的各种性能，水溶性的黏结剂会失效；石膏受潮影响材料稳定性，更会导致其硫酸盐物质被文物胎体吸收造成文物的损伤；水溶性仿釉颜料也会遭受损坏；修复中的金属配件、锔钉等也会受到锈蚀，影响功能并导致器物表面污染。湿度的增加，也会使陶瓷类文物上的有机物（修复材料或有机类污染物）上长出霉菌，形成深色霉斑，从而对文物造成严重影响。

所以从保护陶瓷类文物本体及确保修复材料稳定目的出发，陶瓷类文物适宜的保存和展出湿度范围为40%—60%，相对湿度日波动范围≤ 5%。由于不同的修复材料存在差异性，在满足基本安全湿度的前提下，文物修复师可对保存环境进行适当的调整，提出更合理的温度建议。例如含有锔钉的陶瓷类文物，相对湿度可控制在40%—50%。

（三）光照

光照产生的热量会导致陶瓷器局部区域温度升高，伤害器物胎釉，导致彩绘层褪色剥落。同时光照中的紫外线也会造成陶质彩绘文物老化现象。光照也会加剧修复材料的老化程度，例如常用的加固材料 B-72 会产生光稳定性不足的现象。光同时会使环氧树脂产生老化现象，造成材料降解、粘接强度降低等情况。光会使仿釉材料老化、泛黄。所以应选择对光稳定性更高的修复材料，同时应根据具体文物所施加的修复材料，提出相应的光照强度要求，提高修复材料的稳定性。因此，从兼顾文物本体保护及修复材料两个方面考虑，陶瓷类文物的环境光照强度应控制在250Lux 以内，紫外辐射＜ 75 α W/lm（中度敏感），并根据具体的修复材料调整光照强度及紫外辐射量。

（四）空气质量

空气污染源中的氮氧化物、硫化物和颗粒污染物都会对陶瓷文物造成影响。其中氮氧化物、硫化物可以和空气中的水分发生化学作用产生酸性物质，这些酸性物质具有腐蚀作用，会对陶瓷类文物造成危害；同时这些物质也会与修复材料产生化学反应，从而加速材料的老化。颗粒污染物是指能够分散的固体和液体颗粒物，它们一方面会覆盖陶瓷器表面，改变外貌颜色，另一方面也是霉菌和污染物的载体，会对文物产生破坏作用。所以文物需要确保处在一个相对洁净的保存环境，空气质量良好，环境处于无尘状态。

（五）振动

由于材料特性，陶瓷类文物具有易破碎的属性，因此无论在日常研究还是保存展览中，防震是极为重要的。要确保存放、展览陶瓷器的建筑物的牢固稳定，不易受到外部环境的影响而产生振动。保存处所处在地震活跃区域的陶瓷器应做好相应的防震措施，避免因振动而导致文物的意外跌落，发生磕碰或撞击。

（六）有害生物

瓷器类文物表面的釉层有保护作用，所以有害生物对其的危害性较低；但陶器类文物由于工艺原因，胎体和彩绘层疏松且脆弱，因此需要严防微生物侵害和滋生。大部分霉菌属于嗜酸性微生物，适宜生存的 pH 为 5—6，温度为 20℃—28℃，相对湿度为 65%—70%。陶瓷类文物的保存环境应尽量避开微生物的适宜数值，以抑制霉菌滋生，减少微生物对陶瓷类文物的危害。同时应避免昆虫、蟑螂、老鼠等存在于文物的保存环境中，它们会影响文物的安全，并在文物表面产生污染。

二、管理养护

（一）包装

陶瓷类文物有易碎的特点，只要器物移动，无论是在馆内库房保管还是要对外展出，都要使用囊匣。平时保存陶瓷类文物，也要放在囊匣里。平时保管的要求应和运输的要求一致，明确“运输是保管工作的延续”。陶瓷类文物包装是一个理论与实践相结合的工作。在展览运输中，要特别注意避免振动和冲击，包装方式应有内包装和外包装两层。内包装为文物囊匣（大型陶俑除外），外包装是装囊匣的木箱。

1. 内包装

一般的囊匣采用硬纸板制作外壳，里面填充经过消毒处理的天然棉花，不可使用海绵。应根据陶瓷类文物的形状，制作各种各样的、对陶瓷类文物能起到固定和保护作用的内囊。要保证一件物品对应一个囊匣，囊匣的尺寸要根据陶瓷类文物的尺寸和形状来定制。陶瓷类文物放入囊匣时，同时还要放入防振动、防挤压的填充物。要考虑到该文物的各个着力点，不能疏忽遗漏任何一个角落。比如器物的底部周围、圈足的内面、颈部等都要填充到，后者保证陶瓷类文物的安全，起到缓冲减震作用。借展时一般陶瓷文物的包装采用包裹法，用绵纸将陶瓷类文物包裹起来，放入已做好的囊匣中，然后在囊匣中添加合适的包装材料。有环、链、把、嘴的器物，要选用绵纸、薄片泡沫进行软包装后，再放入囊匣。有器盖、器座等附件的陶瓷类文物要单独包装，不能按照原样套叠器物，附件的安放要与填充材料区分开来，可以做一个标记，防止组装时的人为操作失误。在囊匣外标注文物编号名称及照片。

2. 外包装

外包装主要应对的是运输时保护文物的需要。外包装箱要求结构合理、坚固安全、拆卸方便、整齐简洁，适用于长途运输。陶瓷类文物妥善放置于囊匣中之后，囊匣装箱时应做到安全防震、防尘、防湿、防火。装箱时箱底及四周、囊匣之间需要用海绵铺垫、填充、阻隔，构成一个牢固的整体。将分量重、体积大的囊匣放在底部，并以泡沫做隔层，上面放分量轻、体积小的囊匣。考虑到文物外包装箱的重量，装入的囊匣不宜过多。文物装放合理，每箱的层数根据文物囊匣尺寸而定，做到囊匣放置的科学性、合理性、规范性。要防止箱内囊匣相互挤压，晃动摩擦，做到松紧适宜。每件外包装箱内附此箱的文物清单，记录装入箱内文物的名称、编号、件数，装好后在箱体外贴封条，加锁，贴相关的标签、箱体登记号等。外包装木箱为分体组合式，用螺丝、木板（或防水的胶合板）组装而成，使用时将木板组装固定，闲置时将木箱拆卸成木板。安装时用带波纹垫片的螺丝固定箱盖，用带棱角状波纹垫片的螺丝增加强度。现在使用的外包装箱都装有扣环锁类型、可快速打开的闭合装置。外包装箱要安全牢固，其强度和厚度取决于陶瓷类文物的重量和尺寸，箱体边角有金属加固，箱壁上安装把手和手持装置，整体能使用叉车等设备方便运输。外箱尺寸不宜过大，要便于搬移、运输。箱体外部按国际标准喷印防水、防震、勿压易碎、编号、小心轻放、防倒置等标识。

（二）储存

陶瓷类文物应保存在相对湿度 40％—50% 的环境中。即使不能达到此标准，也应降低并保持一个较为恒定的相对湿度。陶器、瓷器应该分开存放，重点控制陶器库房的湿度。

陶瓷器通常要放在特制的囊匣中，再将囊匣存放在藏品柜中。囊匣的尺寸要根据每件文物的尺寸和形状来定制。藏品柜的材料一般有木质和金属两种，两种质地各有利弊。木质藏品柜的优势是木材本身有调节湿度的作用，有利于藏品保护，缺点是有些木材可能释放酸性气体，损伤藏品，并且木质藏品柜不够稳固。金属藏品柜则比较坚固耐用，无酸性气体。存放陶瓷的藏品柜不宜使用图书馆那种可移动的密集柜，不宜使用可拉伸的抽屉。藏品柜要稳定不可移动。藏品柜之间要保持一定的距离，最少要可并排通过两辆文物推车，这样便于文物的日常管理和提用。在陶瓷器具体存放时，要结合本博物馆藏品种类和研究的特点，按照时代、窑口、釉彩、器形进行分类存放。另外，还应结合藏品的大小、轻重、厚薄等情况通盘考虑藏品的具体位置。

（三）取放

日常陶瓷类文物的取放过程，涉及日常查看、修复、文物摄影等，文物从存储柜到台面、修复台等，再放回存储柜，往往会涉及取、移、放、收四个流程步骤。合理安全规范的取放文物，是保障文物安全的重要一环。

在文物取放过程中，如果是无囊匣的文物，操作人员需要在移动前，通过文物档案资料了解文物的基本情况，并观察其外观，掌握器物胎釉结构上的各类缺陷、文物修复区域基本情况，尤其注意裂纹、彩绘、老旧粘接等脆弱部分。操作人员在移动文物前，要避免佩戴可能造成文物损伤的坚硬物品，包括手表、戒指、钥匙等。在确保安全的前提下，将文物放置于文物推车中。取器物时要一手托稳底部，另一手扶器身。如果体积稍大，则需要用双手从器物靠近底部的两侧托起，避免直接通过器柄、耳等易断部位提起器物。一般使用干净干燥的手来取器物，便于握住器物，不易滑落。对于表面脆弱的陶瓷类文物，建议佩戴手套操作，避免手上油脂等分泌物污染器表。每人每次只能拿取一件器物，盖等配件应与器物分开后，方可拿取。对于有囊匣的文物，则应双手轻轻抱取囊匣安全放置于文物车中。

文物在移动过程中，需要先被放置于文物推车方可进行移动。文物推车里应该干净整洁，便于文物摆放平稳。应根据文物推车及文物大小合理安排排放位置，文物之间必须保持 10cm 的安全距离，防止由于文物间隔距离过近，导致在移动过程中因振动而发生磕碰情况。操作人员采用双手推车，缓慢移动，推车的移动路径要事先清理，保证通畅无障碍。

文物从推车拿到摆放平台或修复工作台时，首先要确保修复工作台干净整洁、平整稳固，然后按照要求规范摆放文物，轻拿轻放。一般采用拿一件，看一件，放一件的流程，避免台面放置大量文物。在收回文物时，要保证器物不遗漏。按照规定，有囊匣的文物先放入囊匣，再放入文物推车，无囊匣的直接放入文物推车，再放入文物存储柜。一些脆弱的文物要减少取放的次数，因为对于已出土文物，人为的触摸（直接用手拿）、从囊匣中取出或放入时与软囊的摩擦、搬运和运输中的振动等是造成彩绘层脱落的重要因素。

（四）运输

随着社会越来越重视文物的教育意义，提倡“让文物活起来”，各种临时展览越来越多。同时随着文物保护修复意识的加强，文物修复工作的开展也日益增多。由于各地方修复水平存在差异，文物修复工作会由文物所属的保管单位委托文物保护修复机构进行，其相关的文物修复工作中往往牵涉文物的运输与点交。为了保证文物的安全，建立规范化和标准化的文物运输管理和文物点交程序尤为重要。

1. 文物运输

文物借展、送修都会牵涉文物的运输。文物运输的安全是保障文物安全的重要一环。在文物运输之前需要签订运输合同，运输由专业的运输机构承担。运输单位负责文物的外包装定制、押运等工作，文物的所有者或借展方负责监管全程运输工作，以确保文物安全地送达指定地点。

2. 文物点交

文物点交主要分借展点交与委托修复点交。

（1）借展点交

借展点交主体分为文物借出方（以下简称“甲方”）和文物借展方（以下简称“乙方”），两者须持有批准文物参与展览的正式文件，并签署正规的展览协议，然后方可进行文物点交。借展时，文物运输的风险一般由乙方承担。因此，借出和归还文物的两次点交工作一般都在甲方博物馆进行。点交时，甲乙双方要共同确认文物的现状（完残情况）。借出点交时，乙方要特别注意文物的现状，因为点交后文物的安全即由乙方负责。归还点交时，甲方要特别注意文物现状和借出时相比有无变化，若有变化，当立即指出，由乙方承担相应的责任。

文物点交前，甲方须制作文物点交册，记录文物的现状，在第一次点交时（借出时）和乙方共同确定文物现状是否和点交册相符，并签字确认。在点交册中，要详细描述陶瓷的现状（完残程度），必要时有瑕疵的部位要拍特写照片，并在照片上标记瑕疵点。第二次点交时（归还时），同样需要和乙方确定文物现状是否和点交册相符，并签字确认。当归还点交时，文物的现状和借出点交时出现不一致，即文物出现了损坏或裂化变质，由乙方承担责任。

（2）委托修复点交

委托修复点交主体分为文物保管方（以下简称“甲方”）和文物修复方（以下简称“乙方”），双方在签署修复项目协议后方可进行文物点交。送修时，文物运输的风险一般由甲方承担。因此，送修和归还文物的两次点交工作一般都在乙方单位进行。点交时，甲乙双方要共同确认文物的现状（完残情况），明确每件文物的修复目标（根据修复方案确定）。文物点交前，甲方应制作文物点交册，记录文物的现状。在第一次点交时，甲方和乙方共同确定文物现状是否和点交册相符，并签字确认。第二次点交时（归还时），同样需要双方确定文物修复情况是否和修复方案制定的目标相符，并签字确认。一次委托修复，点交有两次，分别是送修和归还时，都在乙方单位进行，也就是说，文物整个的运输和展览时的安全责任都由甲方来承担。乙方只需要确保送修文物的修复工作达到甲方的要求即可。

（五）展览

陶瓷类文物的展览是发挥文物价值的重要途径，展览过程中，要确保文物的安全。陶瓷类文物的展览往往使用展柜，展柜需要结实、稳定、平整，保证文物摆放其中的稳定性。同时应根据文物的器型以及展览的要求确定摆放的形式，在展柜上放置契合文物自身特点的支撑物，使文物能以安全稳定的状态展现在观众面前。常见的辅助展览的支撑物包括底座、托架、挂钩、内撑等，这些材料一般由亚克力、合金等材料制成，应具有牢固、轻便、易加工等特点。同时为了进一步保证器物展览时的稳定性，展览方会使用橡皮泥、尼龙绳等对文物进行固定。在布展和撤展的过程中，操作要符合陶瓷类文物取放的规范，避免文物损伤。

（六）日常维护

库房藏品的日常维护也是库房保管的一个很重要的环节。保管员要利用每天在库房工作与藏品接触的机会，监控库藏文物的生存状态，细心观察，及时发现藏品的微观变化。特别是受损的藏品，要根据不同的情况，采取针对性的保养计划和保护措施，及时化解外力侵害可能造成的伤害，防微杜渐。受损状况较重的藏品，要及时移交文物修复部门进行专业修护，防止造成更为严重的伤害甚至损毁。

清洁和整齐是库房馆藏文物规范化管理的重要标准。因此，必须定期、定时对存放文物的橱柜和库房进行清洁打扫，防止库房内灰尘和污垢堆积，保持库房的清洁，尽可能地防止尘埃对藏品的伤害。

思考题

1. 根据本节所学知识，罗列陶瓷文物在保存时的几项要点，并根据自己所修复的器物撰写一篇养护方案。

拓展阅读

[1]《中国古陶瓷图典》，冯先铭，文物出版社，1998
[2]《明清瓷器鉴定》，耿宝昌，紫禁城出版社，1993
[3]《青花瓷器鉴定》，张浦生，北京图书馆出版社，1995
[4]《中国古陶瓷科学浅说》，叶喆民，轻工业出版社，1982
[5]《古陶瓷修复技艺》，蒋道银，上海古籍出版社，2012
[6]《陶瓷造型艺术》，杨永善，高等教育出版社，2004
[7]《陶瓷手记》，谢明良，上海古籍出版社，2013
[8]《古陶瓷修复基础》，俞蕙、杨植震，复旦大学出版社，2004
[9]《中国陶器》，冯先铭，上海古籍出版社，2001
[10]《中国大百科全书考古学》，中国大百科全书出版社，1986
[11]《中国文物保护与修复技术》，中国文物遗产研究院，科学出版社，2019
[12]《古陶瓷修复》，毛晓沪，文物出版社，1993
[13]《陶瓷修复工艺技术》，孙晓岗，中国纺织出版社，2020
[14]《古陶瓷修复研究》，杨植震，复旦大学出版社，2020
[15]《古陶瓷修复》，朱伟洁，中国美术学院出版社，2015
[16]《博物馆藏品保护英汉词汇手册》，中国博物馆协会，文物出版社，2021
[17]《古陶瓷修复技艺实录》，李奇，武汉理工出版社，2017
[18]《陶瓷文物修复理论与方式》，周华、季子薇，文物出版社，2022

第五章
古陶瓷修复案例

此章通过古陶瓷的多个修复案例，展示多碎片古陶瓷的拼接技巧、翻模补缺、3D 打印技术应用、可识别修复、单色釉修复、开片釉修复、不同图案缺失和器型配件缺失的修复重点、难点和技艺。

案例一　新石器时代大汶口文化彩陶钵形鼎（上海博物馆藏）

一、文物信息

这件三足钵形鼎，泥制黄陶，上施红色陶衣。这时期的纹样以几何纹为主，线条简洁，自然生动。这件钵形鼎口沿外侧施有白色网纹，底部有白色弦纹装饰。大汶口文化的彩陶大多是先施彩后烧制，色泽牢固绚丽，观之，先民的质朴情感跃然眼前。

大汶口文化分布于黄河下游地区，距今 6500—4600 年。陶器有泥质陶和夹砂陶，器型多样，钵形鼎是大汶口文化彩陶特有的代表性器物（图 5–1、图 5–2）。

图 5–1　修复前照片

图 5–2　大汶口文化彩陶钵形鼎修复后照片

二、病害描述

此件彩陶钵形鼎病害主要为破碎、缺损和其他附着物，其中鼎体破碎为 28 片，3 处缺损，其他附着物主要为石膏的旧修痕迹。

三、修复步骤

此件陶器经过拆洗、清理、封固、粘接、补缺、打磨、着色几大步骤，修复完成。需要注意的是，陶器烧造温度相对瓷器低，陶质酥松，胎体孔隙大，需要先用稀释后的 B-72 封固再粘接。另需注意的是，块数较多的破碎陶器粘接时要找出特征，从口沿和足部开始粘接，中间合拢，以最大限度保证粘接后的平整度。陶器的着色使用弹拨法，注意在着色的硝基漆或丙烯颜料中添加少量滑石粉等粉质材料，以达到消光作用，使其着色后最大限度接近陶器的亚光质地。

案例二　长沙窑褐釉腰鼓（上海博物馆藏）

一、文物信息

长沙窑褐釉腰鼓，长 58cm，口径 18cm，广口，两端粗圆，中间腰细，内空。外壁凸起弦纹五道，近口沿处有一周弦纹。表面施褐色釉，釉面光洁，釉层肥厚，有细冰裂纹，状如发丝，内壁无釉。两端无釉，可蒙皮。鼓为拉坯成型，分两段制作后对接而成。

唐代陶瓷器中的腰鼓留存很少，典型的有河南鲁山窑作品，唐人南卓在记载中有“不是青州石末，就是鲁山花鼓”之句，今河南有鲁山、郏县等地窑场有部分出土。在长沙窑瓷器中，过去从未发现这样的腰鼓，就是在唐代南方诸瓷窑中也从未曾发现。这件文物是在上海青龙镇遗址发现的唐代长沙窑腰鼓，可以说是上海陶瓷史上的重要发现（图 5-3）。

图 5-3　长沙窑褐釉腰鼓修复前

二、病害描述

此腰鼓主要病害为破碎、缺损，器身破碎成 12 块，有 1/2 缺损，表面有附着物（图 5-4、图 5-5）。

图 5-4　病害显微照片

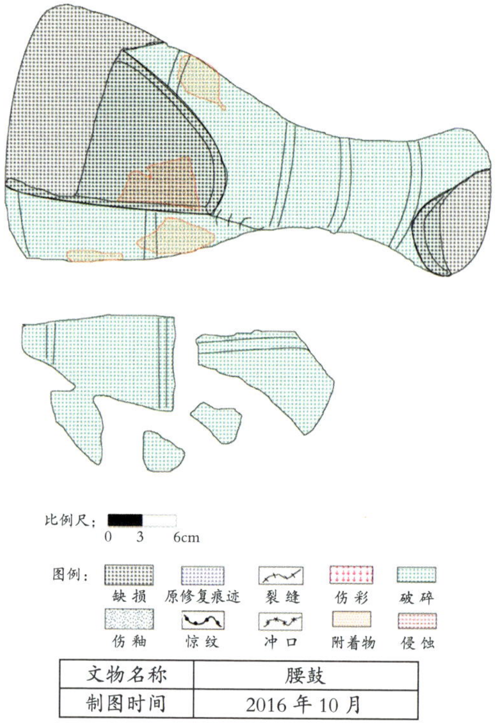

图 5-5　病害图

三、修复步骤

（一）清洗

使用棉签蘸取非离子表面活性剂在器物表面滚动擦拭，去除表面杂质污垢。擦拭时注意及时更换棉球，避免二次污染。对于和瓷器结合紧密、机械方法无法清理完全的硬质结壳、污垢等，借助蒸汽清洗机及超声波清洗机软化后机械清理。使用去离子水清洗干净，将清理后的瓷片置于50℃干燥箱中干燥处理。

（二）碎片粘接与部分补全

黏结剂选用爱牢达2020黏结剂。使用调刀挑取爱牢达2020黏结剂，并均匀涂敷在瓷器断面上，使黏合面完全浸润，然后将碎片按照正确的位置拼接，用力粘牢，并用宽胶带纸进行临时加固，避免错位，同时擦去多余的黏结剂，完成以后放于阴凉处固化72小时。为便于对腰鼓残缺一面的补配，对粘接完成的这面进行缺损处的补配，使用环氧树脂（合众AAA胶）、滑石粉、色粉调配成环氧树脂腻子，将腻子均匀填补在配件与原器物的接缝部位。补配时注意不要对器物表面造成污染。待补缺部位固化后，打磨掉瓷器表面多余的补配材料。等补配材料完全固化以后，用锉刀、砂纸等打磨工具和材料进行打磨，使得补配区域平整光洁，并与原器物衔接自然。

（三）石膏翻模

利用已补缺完整的腰鼓作为翻模对象进行石膏翻模。在腰鼓上先用油泥围成一个“梯形”，覆盖整个腰鼓的 1/3，油泥的高度控制在 4cm，并在该区域的器物表面涂上脱模剂。接着按照要求调配高强度石膏，在石膏呈水乳状时小心浇注在“梯形”区域，浇注完成静置，等待到石膏发热后完全固化。固化完以后去除油泥，浇注的石膏不用取下，用铲刀把石膏两边的截面修整光滑，并在下一块石膏连接处切去两块梯形凹陷，当作下一块石膏的榫卯定位。在紧靠石膏的一面继续用油泥围一个“梯形”（其中一面是石膏），覆盖腰鼓的 1/3。重新用石膏浇注一块外模，并在石膏的一面再切两个梯形凹陷作下一块的榫卯定位，再次涂上脱模剂，并浇注石膏。当两块石膏外模翻成以后，在这个基础上用油泥围上两头，再次用石膏浇注最后 1/3 区域，使其形成三块石膏外模。石膏外模完成以后，把这三块移到缺损的腰鼓区域，并与原腰鼓衔接妥当，然后用绳子把三块石膏外模捆绑起来固定住。在这个基础上，用调配好的石膏往里面小心浇注，浇注的时候注意转动腰鼓，等到浇注的石膏与外模口沿对齐以后静置。等石膏完全干燥，除去表面的石膏外模，完成补缺，接着将石膏表面打磨平整，同时用环氧树脂进行渗透加固（图 5–6）。

（四）补全

在一次性医用塑料杯中调配适量爱牢达 2020 黏结剂，导入适量的滑石粉和矿物颜色粉，用调刀调配出与瓷器胎体颜色接近的腻子。接着用调刀小心地把腻子填补在交接裂缝处，静置 72 小时。用砂纸将裂缝的补缺处打磨平整。

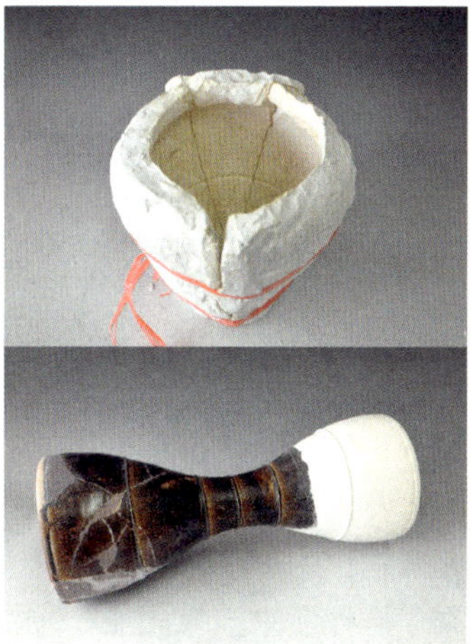

图 5–6　石膏翻模和配补

（五）外观协调处理

第一步是调色。因为腰鼓的外面上釉，里面不上釉色，所以需要进行两次调色，第一次调色是调出腰鼓外面的釉色，第二次调色是调出腰鼓里面的胎的颜色。

第二步是上色。上色采用笔涂、喷绘、弹绘等多种上色技法。腰鼓外面的上色处理，先进行底色的喷绘，根据长沙窑褐釉的特点，先喷棕黄色的底色，待完全干透以后，再喷褐色的表面色，并根据色彩变化进行调整，形成褐色中显棕黄色的釉色特点，并在弦纹处用毛笔蘸褐色颜料进行描绘，以显示出“积釉”的特点。釉色表面的细节处理采用弹拨法，模仿出原器物表面的各色颗粒感。腰鼓内壁的颜色处理主要用笔绘法，用毛笔蘸取颜料进行涂绘，在保证颜色协调统一的前提下，通过笔法的变化模仿出拉坯的手工痕迹。

第三步是上光。调配硝基清漆和稀释剂，用喷笔进行上光喷绘，使得修复部分与原器物在光泽度上保持统一（图 5–7）。

图 5–7　修复后照片

案例三　北宋越窑青釉执壶（上海博物馆藏）

一、文物信息

这件青釉执壶为北宋越窑系，高 18cm，口径 9.5cm，足径 7.6cm。圆唇，喇叭口，长颈，溜肩，鼓腹，圈足挖足较浅，外底有泥条痕，圆形曲流，带状鋬。其胎质灰白致密坚硬，釉色青绿，局部泛黄。肩有两周玄纹，贴对称印花双耳，模印阳文，腹部刻六等分竖线棱双线纹。里杜湖窑址出土有相似的器物。此件执壶具有典型的北宋越窑的工艺特征，代表了当时较高的越窑执壶制作水平。

这件北宋执壶出土于上海青龙镇。青龙镇遗址位于上海青浦区的白鹤镇，是唐宋时期重要的市镇和对外贸易港口遗址。据古文献记载，此处是吴淞江的出海口，也是海上丝绸之路的重要港口，有大量的瓷器聚集于此，部分商品因为种种原因被遗弃于地下。青龙镇遗址经过2010年、2012年、2015年三次发掘，出土了大量贸易陶瓷。这件北宋越窑执壶正是2012年发掘出土的。它和其他几千件可复原的来自江西、浙江、福建、湖南等窑口的瓷器和无数碎瓷片共同见证着青龙镇曾经繁华的陶瓷贸易。

图5-8　修复前照片

二、病害描述

该执壶出土时主要病害特征为：缺损，其中口沿缺损约1/3，带状鋬缺损，圆形曲流缺损（图5-8、图5-9）。

三、修复步骤

（一）清洗

第一步先进行表面清理。使用棉签蘸取阴离子表面活性剂，在器物表面滚动擦拭，去除表面杂质污垢，擦拭时注意及时更换棉球，避免二次污染。第二步，对于和瓷器结合紧密、机械方法无法清理完全的硬质结壳、污垢等，借助蒸汽清洗机及超声波清洗机进行软化后机械清理。第三步，使用去离子水清洗干净，将清理后的瓷片置于50℃干燥箱中干燥处理。

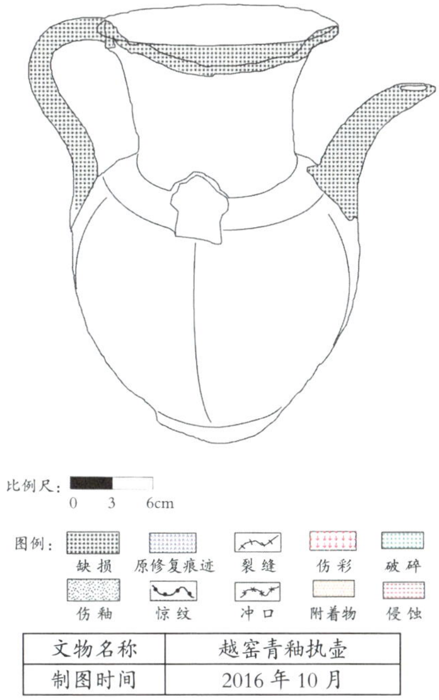

图5-9　病害图

（二）3D扫描和打印

表面污染物清理干净之后，就可以对文物进行3D扫描处理。因为此器破损较为严重，且没有与原器物完全吻合的相同器型，所以工作人员去库房挑选了相同器型，但尺寸大于原器物的同款式的完整器北宋执壶进行整器的扫描。完整器扫描完成以后，根据整器的执壶造型，工作人员再在电脑上等比例缩小，形成模拟此件执壶所缺部位的 3D 图形，并依据整器执壶的扫描情况与缺损执壶模拟图形进行数据比对分析，最终确定了此件执壶缺损区域的尺寸和形状，在这个基础上面完成了补配区域的数据建模，同时完成了对此件执壶的数据收集存档工作。在数据建模的基础上面，工作人员选择了 16μm 高精度、耐老化的光敏树脂作为 3D 打印材料，确保补配的材料在精度、硬度、耐老化等各方面达到此件执壶修复标准（图 5–10）。

图 5–10　3D 数字模型

（三）粘接

最终 3D 打印出的配件与执壶的断面吻合严实，尺寸形状与原器物匹配，达到了文物修复配件的要求。接下来对补配材料与原器物缺损处进行粘接。这里选用了爱牢达 2020 黏结剂，在原器物缺损的断面处用牛角刀涂抹适量的调配好的黏结剂，把 3D 补配材料轻轻地放在对应的缺损处，使其与断面吻合，按紧后用无水乙醇擦掉连接处溢出的多余的黏结剂，然后用胶带纸进行临时固定。器物整体造型的完整性恢复（图 5–11）。

（四）补全

等黏结剂干透后，除去临时固定的胶带纸。观察连接处尚有缝隙的地方，在瓷板上调配适量爱牢达 2020 黏结剂，加入适量的滑石粉和矿物颜色粉，用调刀调配出与瓷器胎体颜色接近的腻子。接着用调刀小心地把腻子填补在交接裂缝处，静置 72 小时。用砂纸将裂缝的补缺处打磨平整。对裂缝、缺口等处进行填缝补缺，为后续外观协调处理做好平整的基础（图 5–12）。

图 5–11　3D 打印材料在原器物缺损处的粘接

（五）外观协调处理

先用硝基漆调配出符合该器物的颜色，并将调配好的颜色涂抹在瓷板上与原器形进行颜色的比对，直到调出的颜色与原器物接近。

在调配好颜料的基础上面，用喷笔对补缺部分进行喷绘。在此过程中要确保喷绘的颜色均匀，并需要完全覆盖补配区域。

在喷绘完底色的基础上面，为了使补缺区域与原器物之间的颜色过渡自然，在原有的调色基础上加入硝基清漆并进行颜色的微调，形成一种半透明的青釉色，并用喷笔对补配区域与接缝部分进行喷绘，使得修复的颜色与原器物相互匹配，并呈现过渡自然的效果。

通过显微观察可知，原器物表面具有白色、灰色等细小的颗粒，故采用弹拨法来进行细节的处理，模拟出这种颗粒感。

为了使修复的区域与原器物在光泽度上面匹配，最后调配仿釉层，用喷笔对修复区域进行小心喷绘。经过补缺、打磨、着色这几个步骤，执壶整体造型色泽的完整性恢复了（图 5–13）。

图 5–12　3D 打印材料对原器物缺损处的补全图

图 5–13　修复后照片

案例四　宋耀州窑瓜棱形双耳罐（上海博物馆藏）

一、文物信息

此件耀州窑青瓷为北方民窑中的佼佼者，高 20cm 左右，直径约 10cm。视其色，温温如也，宽颈下，有瓜棱形瓣状装饰，瓜瓣丰满，两侧有耸起的提耳，整个造型立体、饱满。

宋耀州窑遗址位于今陕西省铜川市，为宋代北方著名瓷窑之一，更以铜川市黄堡镇为代表。铜川市旧名铜官，宋代属耀州，故名耀州窑，主要生产日用瓷，北宋中后期曾为宫廷烧制瓷器。耀州窑以烧制青釉瓷为主，刻花器饰以犀利的刀法和流畅的线条取胜于同类装饰。耀州窑瓷器样式较多，仅瓶就有十几种样式，还有罐、盆、碗、壶、薰、炉等等，这些器皿多方面展示了宋人的生产生活、社会形态和审美情趣。耀州窑是宋代陶瓷文化的重要组成部分，具有重要的历史、文化、艺术和科学价值。

二、病害描述

此件双耳罐主要病害为破碎和其他附着物，共破碎成 23 片瓷片，因是出土文物且出土后有简单黏结，故其他附着物为旧修痕迹和土沁（图 5–14）。

三、修复步骤

（一）拆洗清洁

选用水浴法，用高温水煮使原有的胶水老化，以卸下原有的粘接材料。清水清洗后，用手术刀片仔细剔除每片截面上的残留胶水，再用超声波清洗机进一步清除接缝残留物，然后放入稀释后的“84”清洁液或“漂水”中浸泡，进一步清洁接缝，最后用清水或蒸汽清洗机将残留物清除。

（二）粘接

先按特征找出器物的底部，从底部开始用合众 AAA 胶粘接残片。一般器物底部比较厚实，从底部开始自下而上地粘接不容易变形。小片的残片两侧都用合众 AAA 胶拼对平整，正反面都要用玻璃胶带纸临时固定。稍大些的残片粘接处和比较受力的粘接部分要用热熔枪临时固定，进一步使粘接处不因外力影响产生变形。

粘接过程要仔细，拼接的缝隙要用手指触摸感觉是否拼对平整。粘接过程中，及时用药棉蘸无水乙醇擦掉从接缝中溢出来的胶。待环氧树脂固化后，去掉起临时固定作用的热熔胶和玻璃胶带纸，再用蘸了无水乙醇的药棉清洁临时固定胶的残留物，之后可以进行下一步打磨。

（三）打磨

先用合众 AAA 胶和医用滑石粉、矿物颜料调至黏稠，补在缺陷处和缝隙里，干透后用砂纸打磨平整。此过程需要反复多次，直到手指摸上去完全光滑、平整。

（四）上色作釉

此件双耳罐底色为层次丰富的青绿色，不适合直接用喷笔喷绘。故先把 3 或 4

号小号油画笔头部的鬃毛修剪成 3mm—4mm 的平头，再蘸上调好的不同底色，均匀地用拨片弹到器物上，反复弹上深浅不一的颜色以模仿不同层次，最后用喷笔将硝基清漆和原配稀释剂调和进行上光喷绘，使修复过的釉面接近天然光泽。上色过程需要反复多次，并要等待第一层表面颜色干透以后，再做下一层颜色，让深浅不一的细小粒子透过釉层，浑然一体，以便达到层次丰富的效果（图 5–15）。

图 5–14　修复前照片

图 5–15　修复后照片

案例五　元青花套盒（四件一组）（上海博物馆藏）

一、文物信息

此件套盒由四件组成，其中高器盒一件，矮器盒一件，器盖一件，底盒一件，为元代青花，造型精美，颜色饱满。纹饰分为六层，器盖顶部饰以鸳鸯莲池纹，器侧从高到低分别是莲瓣纹内绘缠枝花卉、几何纹、岁寒三友、缠枝牡丹、缠枝莲花、莲瓣纹内绘折枝花 / 卷草纹。

二、病害描述

此件套盒主要病害为破碎、缺损、其他附着物，原器物有不当修复（图 5–16）。

三、修复步骤

此器物分为上下四件套盒，由器盖、器底和中间两层器盒组成。先按自上而下顺序分别拆除器盖、器盒、器底的旧修，用蒸汽清洗机和超声波清洗机进行深度清洁，而后待用。碎片干透后，用爱牢达 2020 黏结剂按比例配比粘接，每个部分为一次拼接完成，这样能最大限度地保证拼接的平整度，也可以利用爱牢达 2020 黏结剂固化时间长的特点，在完全固化前继续微调每片碎片粘接的平整度，最大限度恢复器物的原貌。

用爱牢达 2020 黏结剂加入滑石粉和色粉，调制成适度的黏稠状态进行补缺，力求补缺处达到原胎体的色泽与瓷质感。待完全固化后，用不伤釉的钻石牌木砂纸进行打磨，至补缺处平整。再用更高目数的砂纸仔细打磨补缺处并抛光，使其表面光滑细腻，质地紧密，显示瓷器质感。最终补缺处达到远看浑然一体、近看可识别的修复要求（图 5–17）。

图 5–16　修复前照片

图 5–17　修复后照片

案例六　明龙泉窑狮形香炉盖

一、文物信息

此件狮形香炉盖属龙泉窑系，狮头口大张，呈怒吼状，双耳微翻，狮鬃毛塑造精细，整体造型生动，狮头表情细腻丰富，通体施青釉，器盖与器口接触部位未施釉。

二、病害描述

此件狮形香炉盖主要病害为破碎、缺损、其他附着物。盖体破碎成两块，分别在右耳和鬃毛右侧；主要缺损有两处，均为右侧的两撮鬃毛顶端；原有过修复，故存在旧修痕迹。

三、修复步骤

（一）清洗

1. 物理拆分

选用水浴法将其加热，使旧修胶水在接近 100℃的高温水环境下软化，水浴持续约一小时（视具体情况而定）。及时观察，如器物分解开，可停止加热，并戴上防护手套取出，进行下一步的去除黏结处残留胶水的环节。如果水温持续加热依旧没能拆解瓷器，可以人为做些干预，加速胶体老化，成功拆解。停止加温后戴上防高温的加厚牛筋乳胶长手套，用长柄或其他刀具类工具拨动器物原粘接处，使其分开，无法分开的可以多加热一会儿，反复尝试，直至粘接处分开。此过程中也可取出瓷器，用手术刀片沿着缝隙小心剔除已经有些软化的旧修胶体，再继续加热，以使水能沿着缝隙更多地渗入，传导水的热量，使胶体或环氧树脂继续老化脱落，直至分开。

此时可以以手术刀片趁热刮去残留胶体或环氧树脂等旧修痕迹。这里强调一定要用手术刀片，因为手术刀片含钢量高，不容易在瓷器表面或截面留下划痕。

2. 化学拆分

把需要拆分的旧修瓷器放入放置丙酮溶液的密封容器内浸泡（陶器放入上下两层的、有熏蒸功能、有栅栏间隔的密封容器中熏蒸。下面倒入丙酮溶剂，上方放置需要拆分的陶器，让丙酮挥发的气体熏蒸陶器，软化粘接物）。有些较大器物，可以将医用棉花拆开铺在旧修处，滴上丙酮溶剂并用保鲜膜完全包裹，放置数小时或更长时间，观察旧修胶体是否软化分解，并用手术刀片刮去残留。

（二）粘接

将调配好的爱牢达 2020 黏结剂均匀地涂抹在瓷器断裂的接口处，不断调整位置，当拼接处平整后用力按压，挤出多余的黏结剂。然后使用透明胶带进行临时固定，并用棉签蘸取少量的酒精，轻轻擦拭掉被挤到表面的黏结剂。完成后将瓷器放置在稳定的台面上，粘接处朝上放置，等待其完全固化（爱牢达 2020 黏结剂的固化时间为 72 小时）。固化期间需要对粘接处进行多次观察，主要观察接口处是否存在错位现象，如有，需要及时调整临时固定物。完全固化后，拆除临时固定物，确定粘接是否有效，包括牢度、平整度等，确认粘接没有问题后，才可以进行下一步操作。

（三）配补

第一步是配补用的环氧树脂腻子，所用材料为合众 AAA 胶、滑石粉、钛白粉、瓷板、调刀。在调配时，可以根据瓷器本身最浅的颜色，往环氧树脂中加少量色粉，由于狮头盖的最浅颜色为白色，且二氧化钛具有良好的抗紫外线性能，故本次的环氧树脂腻子配制只加入钛白粉。当环氧树脂腻子的状态接近面团状时，停止拌入滑石粉，用调刀取一小块腻子，平抹在缺口处，并不断调整形状。在取环氧树脂腻子时，手上要蘸取少量的滑石粉，以便使环氧树脂腻子不黏手，利于操作塑形。完成塑形后，将瓷器置于平稳处，等待固化，其间也需要观察腻子是否出现塌陷情况，如有，需要及时调整（图5–18）。

第二步是打磨。待环氧树脂腻子完全固化后，再对造型做进一步的细化。打磨一般采用上海砂轮厂的木砂纸，此砂纸不伤釉，对瓷器釉面的安全性有一定的保障。先使用低目数的粗砂纸，将整体造型磨出来，遇到打磨体积较大时，可以使用锉刀或电动打磨设备。当锉刀即将接近瓷器本身时，改用高目数的木砂纸，或将高目数的木砂纸裹在锉刀上，依着原器物高度进行找平。整体造型出来后，改用更高目数的细砂纸或抛光纸进行抛光，使补缺部位与原器物过渡平顺、自然。如果有细小缺口，则制备少量的环氧树脂腻子进行二次补缺。这里需要注意，拌入的滑石粉不宜过多，应少于上一次拌入的量，以确保二次补缺的腻子有良好的黏结性，可以黏在第一次补缺的腻子上，以防起皮。

（四）上色作釉

待打磨完成后，就进入修复的最后一个步骤——上色作釉（图5–19）。

首先使用硝基漆和稀释剂进行调配，配制出具有一定遮盖能力的底色漆，利用喷笔对粘接和补缺处进行喷绘，过渡接口，喷色后将器物放入烘箱，经60℃烘干45分钟后取出，绘制花纹，完成修复（图5–20）。

案例七　清代仿哥窑大碗

一、文物信息

此件仿哥窑大碗为清代瓷器，敞口，圈足，釉面仿制宋代哥窑。哥窑在宋代五大名窑中与钧

图5–18　补缺照片

图5–19　底色完成照片

图5–20　修复后照片

窑、汝窑、官窑、定窑齐名。传世的哥窑瓷器珍贵稀少，胎为黑、深灰、浅灰、土黄等色，施以青色或米黄、乳白色釉，釉层较厚，大小气泡悬浮于釉层中，形成较强的乳浊感，釉中呈现黄色细纹开片和黄褐色粗纹开片，也就是俗称的“金丝铁线”。清代雍正追古成风，哥窑的仿制也成为必然。

二、病害描述

此件仿哥窑碗主要病害为破碎、缺损（图 5-21）。

三、修复步骤

此件仿哥窑瓷器的修复要点是在开片的描绘上。要注意，开片是在釉面的截面上形成的自然开裂，所以我们肉眼观察开片的时候，“金丝铁线”的线条是朦胧晕散的。在修复线条的过程中要模仿出这种感觉，从点、线、面的角度思考理解，“线”是“点”形成的，所以最终还是回到“点”。技法上，我们用丰富变幻的不同色彩的“点”来点绘一条深入釉层的线，这样画出的开片线条才有立体感（图 5-22）。

图 5-21　修复前照片

图 5-22　修复后照片

案例八　清康熙五彩花觚（上海博物馆藏）

一、文物信息

清康熙五彩花觚为典型康熙五彩瓷器，喇叭口，圈足，五彩纹饰为孔雀花卉纹。

二、病害描述

此件花觚主要病害为器物中间有一道裂纹，可能是接胎制作工艺造成的。

三、修复步骤

此件花觚的修复要点是接笔上色，裂纹处的纹饰复原为主要难点（图 5-23）。

清康熙五彩花觚的裂纹处为器物的中间，刚好穿过纹样中孔雀尾部和花草图案。这里选用硝基色漆和稀释剂调配底色，但由于裂纹处本身具有大量纹饰，故在喷底色时需要采用点喷的方法控制覆盖面积，尽可能地减小覆盖面，保留初始纹样。喷完底色后需要放入烘箱。

在正式绘制前，需要对绘制部位进行观察，确保衔接准确。之后先用细的勾线笔将轮廓连接勾勒，再进行填色。由于五彩的工艺特点，其釉色是略带透明的，因此要先在调配好的色漆中稍微加一点清漆来增加透明度，然后均匀点涂在需要上色的部位，最后使用透明清漆和稀释剂进行上光喷绘。

图5-23　清康熙五彩花觚修复前后照片

案例九　粉彩仕女图龙耳瓶

一、文物信息

粉彩仕女图龙耳瓶，喇叭口，圈足，双耳，呈龙形，共三层人物图。

二、病害描述

龙耳瓶主要病害为缺损，缺损处在口沿且面积较大，缺损部位涉及大面积复杂纹饰。

三、修复步骤

此件器物的修复要点是绘制纹样。这件文物口沿的缺损面积占到了整个口沿的1/4，且缺损处全是纹饰。首先使用硝基漆和稀释剂调配出该件器物的底色，即白色釉面，使用喷绘法对补缺处进行底色喷涂，并与原器物的衔接处做过渡处理。其次是纹样绘制。我们通过观察原器物发现，口沿处的纹饰是由一圈重复的花卉纹组合成的连续纹样，因此需要根据现存的纹饰找出重复的规律，根据距离间隔预判缺失纹饰内容，并在纸上绘制，练习并熟悉缺失纹样。待掌握纹样绘制规律后，先用勾线笔蘸取对应颜色，将弦纹画出，从而确定两组缺失纹样的大概位置；然后用勾线笔将具体纹样的轮廓画出，注意每组间距大小需要统一一致。完成线稿后，使用小毛笔在对应位置填入颜色，根据粉彩质感少量多次绘制，使其层次感丰富。每层绘制时，必须等待漆料干透后才可以进行下一层颜色的叠加，否则容易抹去之前画的内容。最后等色块全部绘制完成后，再使用勾线笔将轮廓描绘一遍，完成纹样复原。以上步骤全部完成后，再使用硝基清漆和稀释剂进行上光喷绘（图5-24、图5-25）。

图5-24　粉彩仕女图龙耳瓶着色前后照片

图5-25　粉彩仕女图龙耳瓶修复后照片

案例十　粉彩人物故事六方瓶

一、文物信息

粉彩人物故事六方瓶，喇叭口，圈足，双耳，共三层纹饰。

二、病害描述

六方瓶主要病害为缺损，缺损处在器耳部位，缺损部位涉及器耳造型的塑造。

三、修复步骤

此件器物的修复要点是配补与翻模。缺损位置在耳朵处，且缺损面积较大，一只耳朵有将近 1/3 的缺损。因为左右耳为对称造型，所以使用翻模的方法对缺失处进行造型塑造。具体步骤如下。

首先使用两块红白打样膏对完整的左耳进行整只耳朵的翻模。翻模前要在耳朵表面涂抹脱模剂，以便模具的摘取，两块打样膏的接触面也需要涂抹脱模剂，以防粘住。待打样膏固化后，用记号笔在打样膏的接口处画两条线作为拼接标记。取下打样膏并移至缺损处，核对造型，与模具吻合后先固定一块打样膏，等待补缺材料的填入。

使用合众 AAA 胶，按照 A：B=10：7 的比例进行调配，并加入大量的滑石粉和一定量的钛白粉制成环氧树脂腻子。然后在两块打样膏内壁和缺损接口处涂抹脱模剂，以便模具取下和补缺块的取下。接着将调配好的环氧树脂腻子填入模具中，并将第二块模具与第一块合并，根据原先标注的标记进行核准，并用夹子和玻璃胶带纸进行固定，等待固化。完全固化后取下模具和补缺块，用锉刀对造型进行整体微调，用砂纸修饰细节处，最终完成缺损处的补缺块制作，并用黏结剂将补缺块安装好，完成配补。

四、外观协调处理

使用硝基色漆和乙酸乙酯调配出接近原器物的偏透明的粉色。第一次上色时，利用喷枪点喷的方法进行底色铺色，在铺色时需要根据原器物的积釉规律适当留白，模仿积釉质感。待第一遍上色处完全固化后进行第二次上色。第二次上色时只针对积釉处进行点喷，加强积釉的质感，直至与原器物感官一致。这一步需要少量多次进行，每次都必须等上一步的颜色完全固化后才可以进行。完成铺色后，使用勾线笔绘制出线条纹饰，绘制时需要参考对称耳朵的相同位置。使用透明的硝基清漆和稀释剂进行上光喷绘，完成修复（图 5–26）。

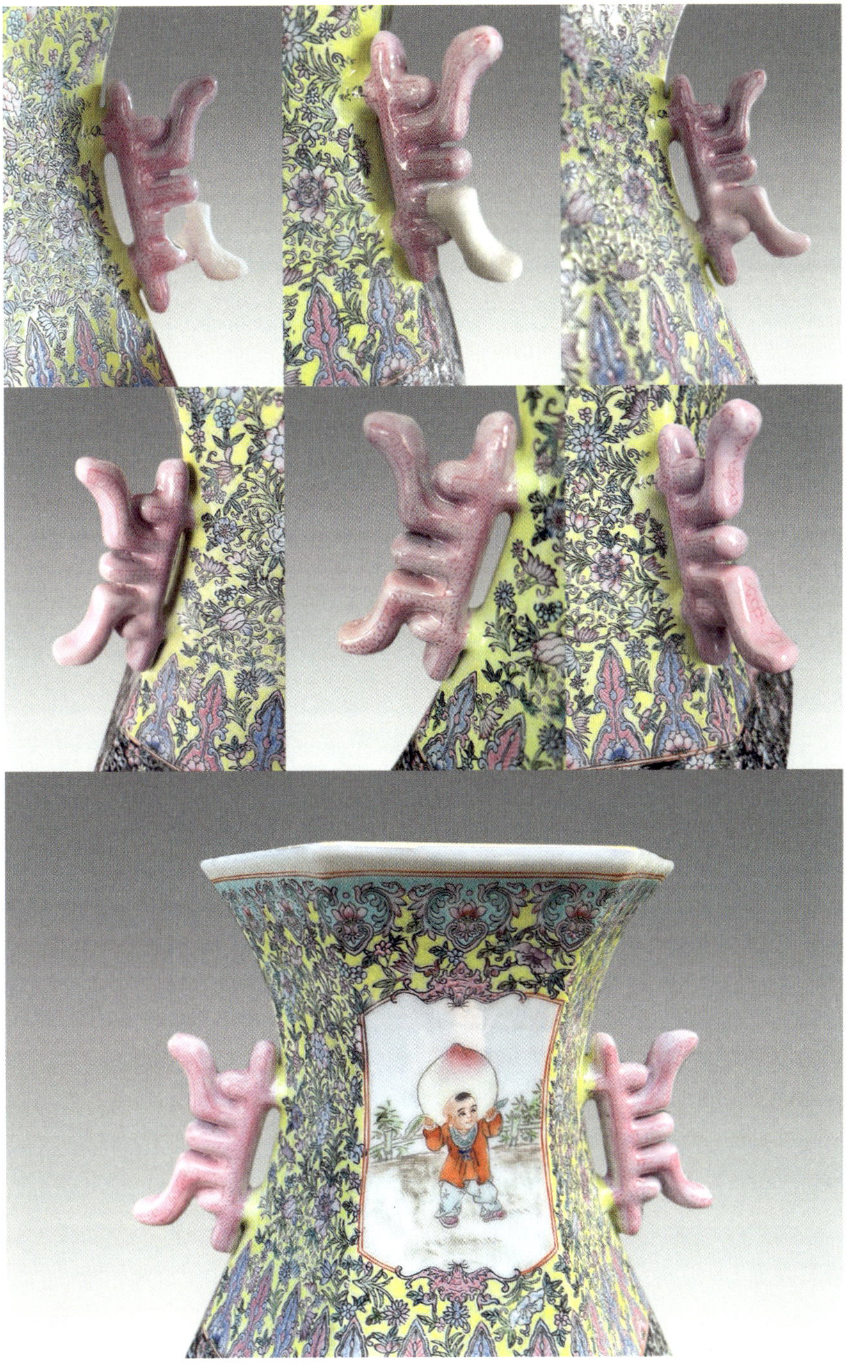

图 5-26　粉彩人物故事六方瓶修复前后照片

思考题

1. 通过案例学习，自行搜索相关文献或进行实地考察，简要概述陶质文物在保护与修复中的难点和注意点。

2. 选择高古瓷中的一个典型窑址，通过实例修复和文献阅读，归纳总结其修复特征和难点注意点。

3. 选择本节中任意一个案例，并结合文献资料或实地考察，针对修复步骤或修复技术进行拓展研究。

4. 结合本节案例，利用所学修复材料和技术仿制瓷器局部，仿制内容包括造型、颜色和纹饰。

5. 独立完成一件陶器的修复。

6. 独立完成一件瓷器的修复。

案例十一　“校馆合作”项目制教学模式——金华市博物馆馆藏陶瓷器保护与修复项目

一、项目背景

为了进一步落实《国务院关于进一步加强文物工作的指导意见》和《国家文物事业发展“十三五”规划》，加强文物人才队伍建设，促进文物保护修复技术的发展和文物保护修复教育质量的提升，金华市博物馆与上海视觉艺术学院本着优势互补、互惠互利、长期合作的原则，共同建立战略合作关系。

2021 年 8 月，金华市博物馆将 15 件馆藏陶瓷器运输至上海视觉艺术学院文物保护与修复学院陶瓷修复工作室进行保护修复。本项目旨在探索文物保护教育与技术协同发展的新型模式，在人才培养、资源开发、技术服务和学术研究等方面取得成果，实现“双赢”。8 月至 11 月，上海视觉艺术学院文物保护与修复学院教师将本项目融入教学，开展了为期 3 个月的陶瓷器保护修复，完成了 15 件陶瓷器文物的保护修复工作。

二、修复人员

项目第一负责人：

上海视觉艺术学院文物保护与修复学院杨蕴副教授

项目第二负责人：
上海视觉艺术学院文物保护与修复学院张亚旭老师
项目成员：
项斌老师、张力程老师及学生徐思琦、卫玘珩等
金华市博物馆文保中心主任盛经纬、鲍虹羽

三、修复内容

表 5-1：金华市博物馆馆藏陶瓷器保护与修复清单

序号	编号	名称	修复前	修复后	修复者
1	22920	东汉原始瓷双系直腹罐	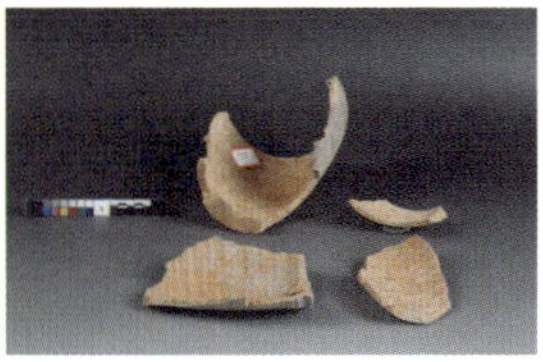		杨蕴
2	21493	东汉原始瓷盘口壶	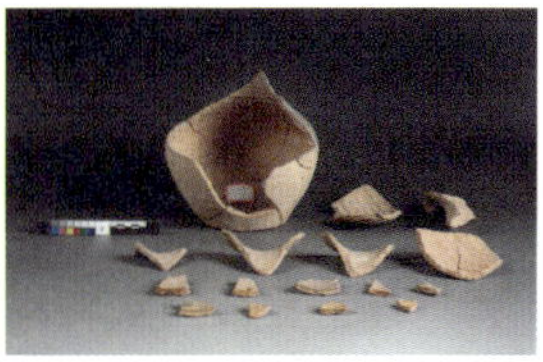		张力程
3	22953	东汉青瓷几何纹罐			项斌、杨蕴
4	23100	东汉双系陶罐			杨蕴

表 5-1：金华市博物馆馆藏瓷器保护与修复清单（续）

序号	编号	名称	修复前	修复后	修复者
5	20523	东汉原始瓷双系罐			张亚旭
6	21408	东汉双系陶罐			张亚旭
7	21545	东汉原始瓷双系罐			项斌、杨蕴
8	22938	东汉双系弦纹陶罐			杨蕴
9	22940	东汉双系弦纹陶罐			张亚旭、卫玘珩
10	21543	东汉原始瓷双系盘口壶			张亚旭

表 5-1：金华市博物馆馆藏瓷器保护与修复清单（续）

序号	编号	名称	修复前	修复后	修复者
11	20303	东汉网格纹印纹硬陶罐			杨蕴、项斌
12	21567	东汉印纹硬陶罐			张亚旭、徐思琦
13	21568	东汉网格纹印纹硬陶罐			杨蕴、项斌
14	21420	东汉原始瓷双系直筒罐			张力程、张亚旭
15	23113	东汉原始瓷双系罐			杨蕴

四、修复地点：上海视觉艺术学院文物保护与修复学院陶瓷修复工作室

五、项目案例——东汉网格纹印纹硬陶罐保护与修复档案

表 5-2：藏品基本信息表

<table>
<tr><td>文物名称</td><td colspan="6">东汉网格纹印纹硬陶罐</td></tr>
<tr><td>收藏单位</td><td colspan="2">金华市博物馆</td><td colspan="2">文物编号</td><td colspan="2">20303</td></tr>
<tr><td>来　源</td><td colspan="2"></td><td colspan="2">年　代</td><td colspan="2">东汉</td></tr>
<tr><td colspan="7">尺寸（cm）</td></tr>
<tr><td>腹径</td><td colspan="2">50</td><td>口径</td><td colspan="3">27.5</td></tr>
<tr><td>高</td><td>42</td><td>最小</td><td>12.2</td><td colspan="2">最大</td><td>50</td></tr>
<tr><td>质地</td><td colspan="3">陶制</td><td colspan="2">级别</td><td>/</td></tr>
<tr><td colspan="7">处理等级</td></tr>
<tr><td colspan="2">一般□</td><td colspan="3">中等□</td><td colspan="2">紧急■</td></tr>
<tr><td>进入实验室日期</td><td>2021-8-6</td><td>负责人</td><td colspan="4">杨蕴、张亚旭</td></tr>
<tr><td>保护修复
实施者</td><td>杨蕴、项斌</td><td>日　期</td><td colspan="4">2021-8-17—2021-10-31</td></tr>
<tr><td colspan="7">保护处理前照片</td></tr>
<tr><td colspan="2">正面
</td><td colspan="5">反面
</td></tr>
<tr><td>文物工艺描述</td><td colspan="6">直口，圆唇，圆肩，鼓腹下收，平底。肩部自上而下依次饰弦纹、绶带纹、弦纹，腹部通体拍印块状网格纹。胎色灰。</td></tr>
</table>

表 5-3：文物保存现状

文物保存环境		
常温下室内囊匣保存		
历次保护修复情况		
该器物出土后，对陶片进行临时粘接		
病害情况调查评估	病害种类	残断、泥土附着物、裂缝、裂纹、其他附着物
	病害活动评估	稳定病害：残断、泥土附着物 活动病害：裂缝、裂纹 可诱发病害：其他附着物
	以往保护情况	□已保护　■未保护
病害图纸		

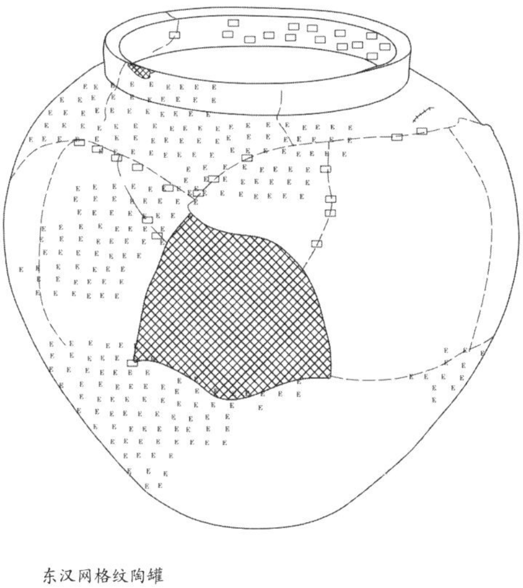

东汉网格纹陶罐

图例：

残断　泥土附着物　裂纹　裂缝　其他附着物

比例 1：3

病害图制作单位：上海视觉艺术学院

2021 年 8 月

绘制人：徐思琦

表 5-4：文物检测分析

分析类型	作用与目的	结果
显微观察	观察形貌。为解读陶瓷器制作工艺、确认病害种类和性质提供依据，同时为登记在案的文物留存基本的显微信息。	见图

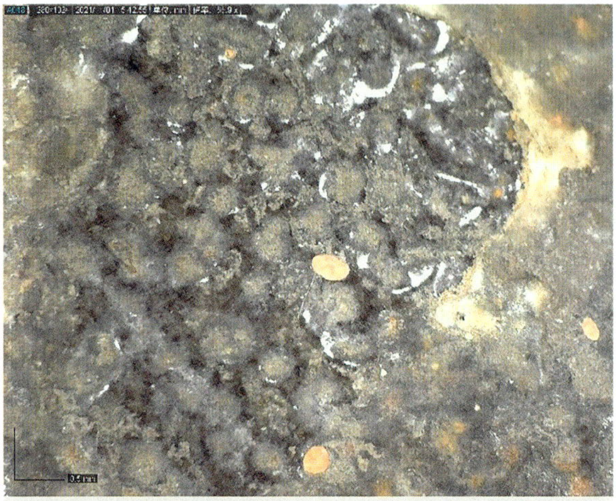

罐口内侧似釉层形貌显微图

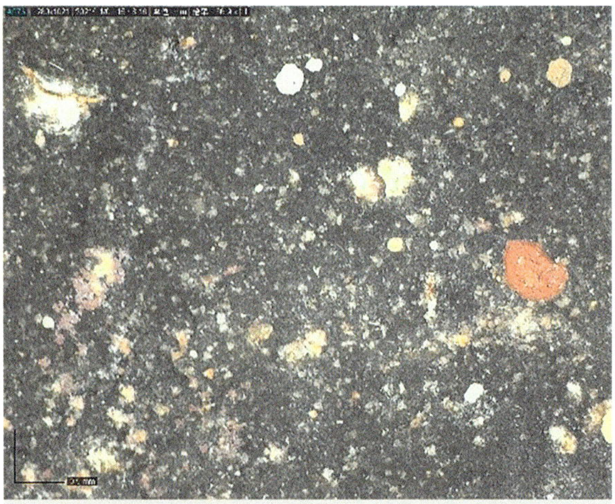

罐身外侧形貌显微图

表 5-4：文物检测分析（续）

<table>
<tr><td colspan="3">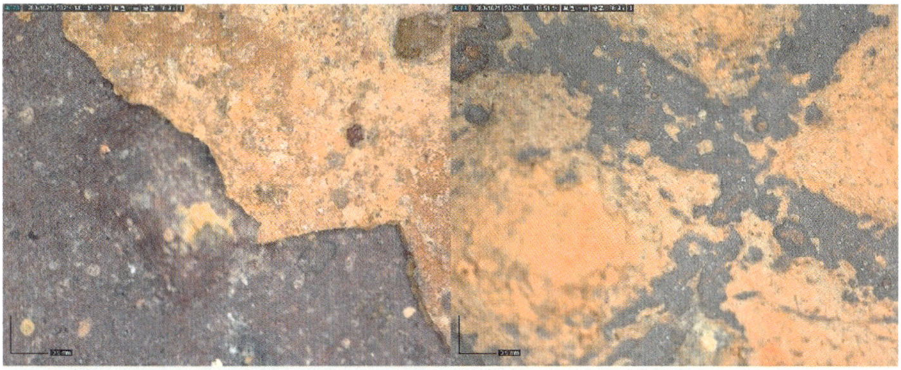
罐身附着物形貌显微图

工艺细节图</td></tr>
<tr><td>成分分析</td><td>确认文物材质、陶瓷器胎釉黏土组成、污染物等的识别，为登记在案的文物留存基本的成分信息，为建立中国陶瓷成分年代谱系积累基础数据。</td><td></td></tr>
<tr><td colspan="3">

测试部位</td></tr>
</table>

表 5-4：文物检测分析（续）

东汉网格纹陶罐化学组成（%）

测试部位	数据编号	Na_2O	MgO	Al_2O_3	SiO_2	K_2O	CaO	TiO_2	MnO	Fe_2O_3	NiO	Zr	Pb	S
1	#90	ND	ND	15.81	53.84	ND	ND	2.29	0.09	11.04	0.13	0.17	0.03	16.59
2	#91	ND	ND	17.70	52.23	ND	ND	3.67	ND	20.73	0.43	0.41	ND	4.50
3	#92	ND	ND	12.74	52.63	ND	ND	3.04	0.13	12.03	0.17	0.23	0.04	18.86

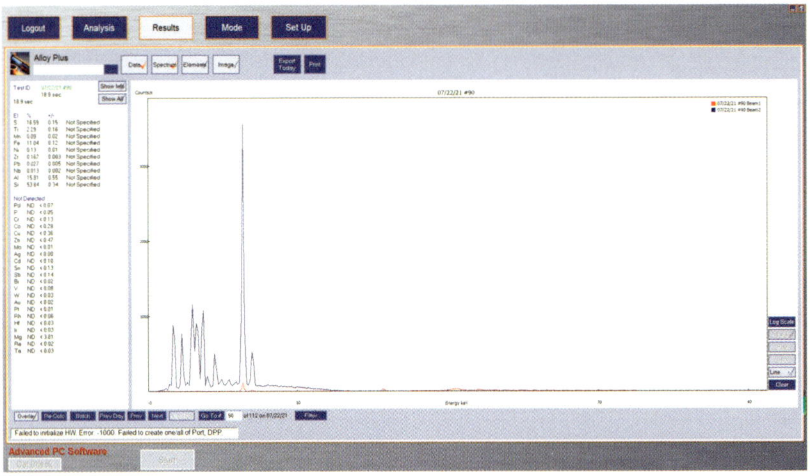

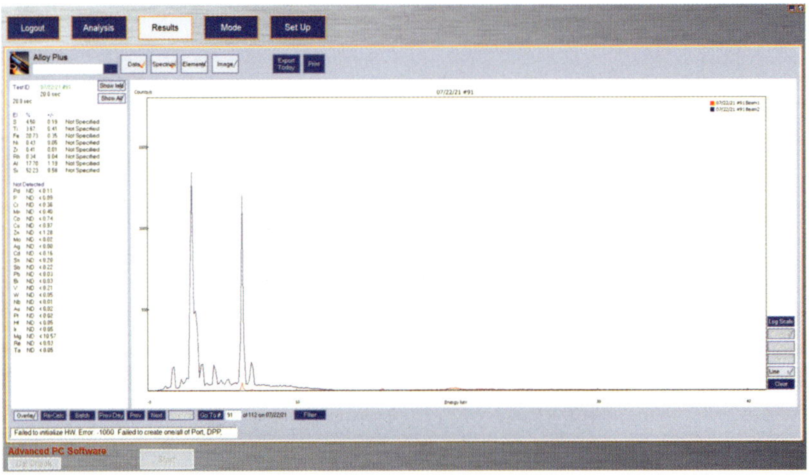

部位测试图

表 5-4：文物检测分析（续）

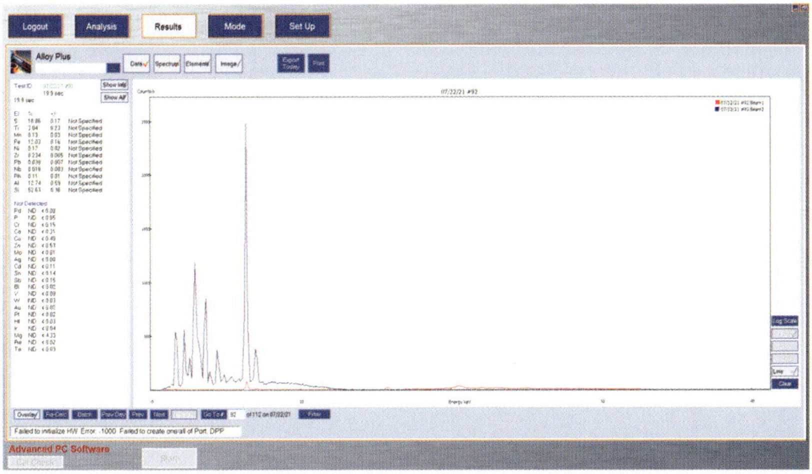

部位测试图

表 5-5：文物保护修复计划

一、总体状况评估（200 字以内）
该陶罐破损严重，缺损区域较大，同时伴随着裂缝等可诱发病害，表面胎体存在掉粉现象，需要及时保护修复。
二、修复目标（200 字以内）
对已有病害进行处理，恢复瓷器结构完整，使文物表面的颜色与质感达到博物馆陈列的要求，满足文物长期保存、陈列展示等相关研究的需要。

表 5-5：文物保护修复计划（续）

三、保护修复技术路线（300 字以内）

保护修复主要路线：去除旧修、清洗、封护、粘接、补全、外观协调处理。

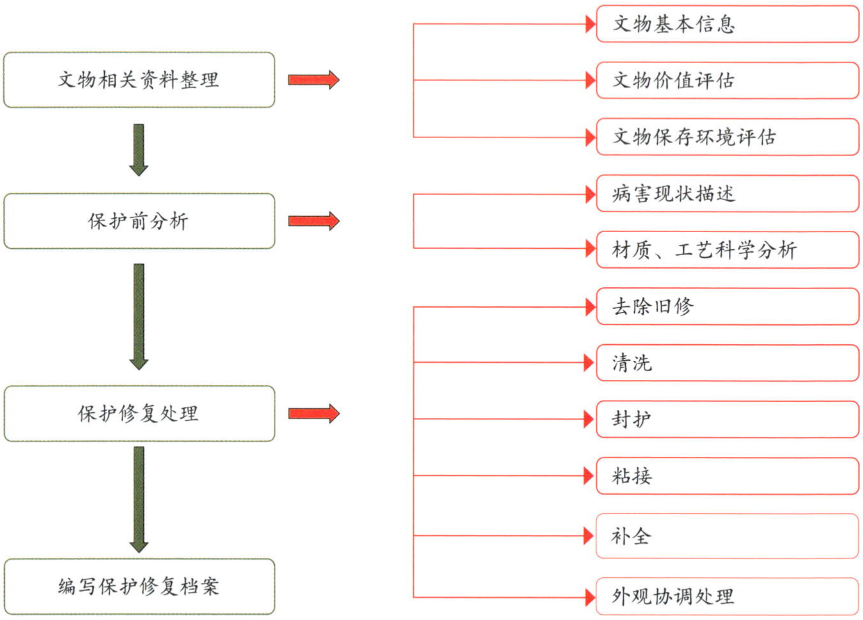

四、保护修复的措施、步骤与要求（材料、工艺、步骤及操作条件等）

修复措施	作用与目的	工具与药品
去除旧修	方法：热风枪加热老化的修复材料，用手术刀片刮去旧修材料，并用沾有丙酮的棉条贴敷断裂面除去旧胶。目的：防止原修复材料对陶罐产生可诱发病害，并为进一步的保护修复打下基础。	手术刀片、无水乙醇、丙酮、热风枪、棉条、保鲜膜等。
清洗	化学清洗与物理清洗结合方法：清除陶罐表面的污染物和原修复的残余物。目的：解决陶片表面附着物的病害问题。	喷笔、气泵、无水乙醇、去离子水、手术刀片、牙刷等。
封护	方法：使用浓度为 2% 和 4% 的 B-72 溶液对清洗干净的陶片断面进行封护。目的：提高文物修复的可再处理性。	电子天平、烧杯、玻璃棒、B-72 粉末、乙酸乙酯、密封玻璃瓶。

表 5-5：文物保护修复计划（续）

修复措施	作用与目的	工具与药品
粘接	方法：使用AAA环氧树脂黏结剂对陶罐碎片进行粘接。目的：使得断裂的陶片粘接成形。	电子天平、AAA环氧树脂胶、调棒、调胶盘、热熔胶、无水乙醇、玻璃胶带纸、棉签等。
补全	方法：使用高强度石膏和树脂腻子对缺损处进行补配，并用锉刀等打磨工具对补配处打磨。目的：复原陶罐原始造型，恢复文物原貌，保证器物的结构稳定、牢固。	AAA环氧树脂胶、调棒、调胶盘、滑石粉、高强度石膏、打磨机、锉刀、砂纸、矿物色粉等。
外观协调处理	方法：使用颜料和上色工具对修复区域进行上色处理。目的：恢复器物表面的质感与颜色。	清漆、色粉、乙酸乙酯、喷笔、气泵、油画笔、滑石粉、彩铅、毛笔等。

五、保护修复工作进度

时间	计划进度
2021-8-17—2021-8-29	清洗
2021-8-30—2021-9-2	封护、粘接
2021-9-3—2021-10-15	补全、打磨
2021-10-16—2021-10-26	雕刻
2021-10-27—2021-10-31	外观协调处理

六、保存建议

（一）保存环境

光对陶瓷器表面的釉料有强烈的破坏作用，易使釉料褪色，釉料层老化、粉化，因此环境光照强度应控制在300Lux以内，避免接触紫外线。文物保存条件：温度为15℃—25℃，湿度在40%—50%。一般在常温条件下保存，但24小时的温差不宜太大，应控制在±5℃左右。温湿度控制范围不科学或控制不稳定都易对陶瓷器文物安全造成一定的损坏，致使陶瓷器表面的釉料层发生老化、脱落等现象，不利于陶瓷器的长期保存与陈列。因此，需要将陶瓷器文物保存在温湿度相对稳定的环境中。

（二）日常维护

要经常打扫文物表面的灰尘，可用鸡毛掸和柔软的毛刷轻轻清理。条件允许的情况下，使用空气过滤设备。

（三）包装及运输

需要用无酸纸等绿色环保的材料制成文物囊匣，确保包装的稳定、牢固、环保。应选择正规的运输公司押运文物，运输期间文物应安置于原文物囊匣中，搬运期间应小心轻放，并避免外力重压。

离开实验室日期：2021年11月3日

表 5-6：文物保护修复过程记录

2021-8-8：从库房中取出器物，进行拍照记录和检测。
2021-8-17：用竹刀或手术刀片剔除陶片表面硬结物。
2021-8-25—2021-8-28：用喷笔、牙刷去除陶片表面与断面的灰尘、污染物。
2021-8-29：用棉球蘸无水乙醇对陶片进行局部擦拭清洁。
2021-8-30：用乙酸乙酯分别调配 2%、4% 浓度的 B-72 溶液，用毛笔蘸取 2% 浓度溶液先把断面涂抹一遍，待干燥（约用 6 小时），再用毛笔蘸取 4% 浓度溶液涂抹一遍，在阴凉处干燥 3 天。
2021-9-2：按照 A：B=5：4 的比例调配 AAA 环氧树脂，用调刀调取调配好的黏结剂涂抹在陶片断面处，根据器型对陶片进行粘接，粘接过程中用热熔胶作为临时固定材料。
2021-9-3—2021-10-9：调配环氧树脂，加滑石粉色粉调和后，对陶罐缺损处进行补配。方法：先在缺失的口沿处内部贴上宽胶带纸，等待调和后的环氧树脂"面团"半干时直接涂抹上去，等环氧树脂将要干透、还能塑形时撕下，用手沾上滑石粉精确塑形。
2021-10-11: 调配 AAA 环氧树脂和色粉、滑石粉，对陶罐的粘接裂缝处以及部分缺损处再做精细补配。
2021-10-12—2021-10-15：对石膏补配的区域用砂纸进行适当打磨。打磨完成以后，按照 1：5 比例调配 AAA 环氧树脂和无水乙醇的加固液，用毛笔蘸取加固液对石膏补配区进行封护。
2021-10-16—2021-10-26：对补配区域进行纹饰雕刻处理，要采用电动工具，用钨钢磨头雕刻出网格纹饰，再结合雕刻刀刻画调整细节。
2021-10-27—2021-10-30：先用硝基漆调配出符合该器物的颜色，并将调配好的颜色涂抹在瓷板上，与原器形进行颜色的比对，直到调出的颜色与原器物接近。在调配好颜料的基础上，用喷笔对补缺部分进行喷绘，此过程中要确保喷绘的颜色均匀，并需要完全覆盖补配区域。在此基础上，为了使得补缺区域与原器物在颜色上过渡自然，在原有的调色基础上加入其他颜色进行微调，用喷笔进行再一次的喷绘，使得修复的颜色与原器物相互匹配，并呈现过渡自然的效果。

表 5-6：文物保护修复过程记录（续）

<table>
<tr><td colspan="4">2021-10-31：视频显微的分析（显微照片）显示，原器物表面具有黑色、棕色、白色、灰色等细小的颗粒。为了模拟出这种颗粒感，操作人员采用弹拨法来进行细节的处理，先调配出白色、灰色等符合原器物颗粒自身的颜色，然后用毛笔蘸取调配好的颜色，对准修复区域，用小调刀轻轻拨动毛笔笔尖，便可形成这种颗粒感，但不宜过多，以符合器物本身的肌理状态为准则。最终完成修复任务。
</td></tr>
<tr><td>完成日期</td><td>2021-10-31</td><td>保护修复人</td><td>杨蕴、项斌</td></tr>
<tr><td colspan="4">修复后图片</td></tr>
<tr><td colspan="2">修复后正面</td><td colspan="2">修复后背面</td></tr>
<tr><td colspan="2"></td><td colspan="2"></td></tr>
</table>

拓展阅读

[1]《古陶瓷修复技艺》，蒋道银，上海古籍出版社，2012

[2]《古陶瓷修复基础》，俞蕙、杨植震，复旦大学出版社，2019

[3]《中国文物保护与修复技术》，中国文物遗产研究院，科学出版社，2019

[4]《古陶瓷修复技艺实录》，李奇，武汉理工出版社，2017

参考文献

[1] 谢明良 . 陶瓷修补术的文化史 [M]. 上海：上海书画出版社，2019.
[2] 李奇 . 古陶瓷修复技艺实录 [M]. 武汉：武汉理工大学出版社，2017.
[3] 周华，季子薇 . 陶瓷文物修复理论与方法 [M]. 北京：文物出版社，2022.
[4] 陈红京 . 博物馆学概论 [M]. 北京：高等教育出版社，2019.
[5] 郭荣 . 文物保存环境概论 [M]. 北京：科学出版社，2001.
[6] 中国文化遗产研究院 . 中国文物保护与修复技术 [M]. 北京：科学出版社，2019.
[7] 周宝中 . 文物修复和辨伪 [M]. 河南：大象出版社，2007.
[8] 张珮琛 . 中国古代青铜器保护与修复 [M]. 上海：上海人民美术出版社，2021.
[9] 俞蕙，杨植震 . 古陶瓷修复基础 [M]. 上海：复旦大学出版社，2019.
[10] 周公度 . 无机化学丛书：无机结构化学 [M]. 北京：科学出版社，1982.
[11] 秦始皇帝陵博物院 . 出土陶质彩绘文物保护关键技术研究 [M]. 北京：科学出版社，2014.
[12] 上海博物馆 . 幽兰神采：元代青花瓷器特集 [M]. 上海 . 上海书画出版社，2012.
[13] 沈国英，黄凌风，郭丰等 . 海洋生态学（第三版）[M]. 北京：科学出版社，2010.
[14] 黄宗国 . 海洋污损生物及其防除：下册 [M]. 北京：海洋出版社，2008.
[15] 冯先铭 . 中国陶器图典 [M]. 北京 : 文物出版社，1998.
[16] 张正斌，刘莲生 . 海洋化学进展 [M]. 北京 : 化学工业出版社，2005.
[17] 耿宝昌 . 明清瓷器鉴定 [M]. 北京 : 紫禁城出版社，1993.
[18] 兰德省，夏寅，周铁主编 . 陶质彩绘文物保护修复技术 22 讲 [M]. 文物出版社，2019.
[19] 张浦生 . 青花瓷器鉴定 [M]. 北京 : 北京图书馆出版社，1995.

[20] 叶喆民 . 中国古陶瓷科学浅说 [M]. 北京 : 轻工业出版社，1982.
[21] 蒋道银 . 古陶瓷修复技艺 [M]. 上海 : 上海古籍出版社，2012.
[22] 冯先铭 . 中国陶器 [M]. 上海 : 上海古籍出版社，2001.
[23] 中国博物馆协会 . 博物馆藏品保护英汉词汇手册 [M]. 北京 : 文物出版社 .
[24] 张荣 . 清雍正朝造办处漆器研究 [C]. 两岸故宫第一届学术研讨会 : 为君难—雍正其人其事及其时代论文集，2009.
[25] 蓝浦 . 景德镇陶录 [C]. 中国古代陶瓷文献辑录 . 中华全国图书馆文献缩微复制中心，2003.
[26] 乾隆四十二年各作成活计清档 [C]. 铁源 . 清宫瓷器档案全集 . 北京 : 中国画报出版社，2008.
[27] 乾隆五十五年各作成活计清档 [C]. 铁源 . 清宫瓷器档案全集 . 北京 : 中国画报出版社，2008.
[28] 乾隆三十二年各作成活计清档 [C]. 铁源 . 清宫瓷器档案全集 . 北京 : 中国画报出版社，2008.
[29] 乾隆三十四年各作成活计清档 [C]. 铁源 . 清宫瓷器档案全集 . 北京 : 中国画报出版社，2008.
[30] 苏杭 . 试论博物馆藏品的包装及运输 [C]. 中国人民抗日战争纪念馆文丛第六辑，2011.
[31] 杨蕴 . 宋耀州窑瓜棱形双耳罐的修复 [C]. 全国第十届考古与文物保护化学学术研讨会，2008.
[32] 清代御窑厂的建立与终结—清代御窑厂研究之一 [J]. 故宫博物院院刊，2004.
[33] 纪东歌 . 乾隆时期宫廷瓷器修补 [J]. 南方文物，2014.
[34] 孔艳菊，罗涵，苗建民 . 传统黏蜡胶的研制及应用性能研究 [J]. 文物保护与考古科学，2013.
[35] 毕研迎，张万友 . 对去离子水装置的补充设计 [J]. 工业水处理，2004.
[36] 张力程，周浩 . 激光清洗技术在一件汉代彩绘女陶俑保护修复中的应用 [J]. 文物保护与考古科学，2017.
[37] 黄河，张力程 . 上海青龙镇遗址出土瓷片的微纳米气泡清洗研究 [J]. 文物保护与考古科学，2020.
[38] 丁步平 . 陶瓷器藏品的保存与保管 [J]. 上海文博论丛，2014.

[39] 罗一鸣，苏娜娜 . 景德镇陶瓷文物遗存的内容、现状和价值分析 [J]. 陶瓷科学与艺术，2022.
[40] 张月玲 . 我国海洋出土文物保护技术现状分析 [J]. 中国国家博物馆馆刊，2012.
[41] 金涛 . 海洋条件下的水下文物埋藏环境概述 [J]. 文物保护与考古科学，2017.
[42] 杨璐，王丽琴，王璞，唐丽琼，王芳，黄建华 . 文物保护用丙烯酸树脂 Paraloid B–72 的光稳定性能研究 [J]. 文物保护与考古科学，2007.
[43] 惠娜，王亮，王春燕，夏寅，容波，毛晓芬 . 扫描电子显微镜及能谱仪在彩绘文物分析中的应用 [J]. 文博，2015（1）.
[44] 俞蕙，黄艳，陈刚，杨植震，周瑞旎 . 国外进口瓷器修复专用材料的应用研究 [J]. 文物保护与考古科学，2018.
[45] 程倩，王艺佳，温建华，周华 . 陶瓷文物修复用 3A 超能胶的实验室老化与评价研究 [J]，2022.
[46] 孙晓强 . 对明代廖纪墓出土彩陶粉彩层的保护 [J]. 文物保护与考古科学，1999.
[47] 马涛 . 传统制瓷工艺对海洋出水瓷器保护修复的研究意义——以宋代景德镇窑清白瓷为例 [J]，2018.
[48] 张力程，杨蕴 . 艺术陈列中青花瓷器修复的上色处理 [J]. 文物保护与考古科学，2022.
[49] 杨蕴 . 浅谈 3D 打印技术在陶瓷类文物修复和复制中的应用 [J]. 文物保护与考古科学，2015.
[50] 中国第一历史档案馆，香港中文大学文物馆合编 . 金玉作（乾隆三十五年七月十五日）[Z]. 清宫内务府造办处档案总汇，册 33.
[51] 中国第一历史档案馆，香港中文大学文物馆合编 . 如意馆（乾隆十三年五月二十三日）[Z]. 清宫内务府造办处档案总汇，册 16.
[52] 复旦大学文物与博物馆学系 . 文物保护实验室：文物保护与修复实验室管理条例 [EB/OL]. http://www.chm.fudan.edu.cn/wwbhsys/list.htm.
[53] 刘江卫 . 中国陶质彩绘文物保护修复案例报告 . 青州香山汉墓 [R]. 北京：科学出版社，2020.
[54] 碗礁一号水下考古队 . 东海平潭碗礁一号出水瓷器 [R]. 北京：科学出版社，2006.

[55] 上海博物馆 . 上海青龙镇遗址出土文物保护修复项目 [R]. 上海，2016.
[56] 黄瑾 . 古陶瓷修复中仿釉材料的筛选 [D]. 南京艺术学院，2019.
[57] 常晶晶 . 古代壁画中颜料及染料的拉曼光谱研究 [D]. 吉林大学，2010.
[58] 童永东 . 热膨胀法陶瓷测温多因素分析及在广西古陶瓷中的应用研究 [D]. 广西民族大学，2018.
[59] 孟承光 . 文物摄影的几点心得 [N]. 中国文物报，2019.
[60] 中华人民共和国国家文物局 .WW/T 0069-2015 馆藏文物防震规范 [S]. 北京：中国标准出版社，2015.
[61] 中华人民共和国国家质量监督检验检疫总局，中国国家标准化管理委员会 .GB/T 30238-2013 可移动文物保护修复室规范化建设与仪器装备基本要求 [S]. 北京：中国标准出版社，2013.
[62] 中华人民共和国教育部 .JY/T 0385-2006 中小学理科实验室装备规范 [S]. 北京：中国标准出版社，2006.
[63] 中华人民共和国工业和信息化部 .QB/T 5589-2021 实验室家具 通风柜 [S]. 北京：中国标准出版社，2021.
[64] 中华人民共和国公安部 .GB 50016-2014 建筑设计防火规范 [S]. 北京：中国标准出版社，2014.
[65] 中华人民共和国应急管理部 .XF/T 1463-2018 文物建筑消防安全管理 [S]. 北京：中国标准出版社，2018.
[66] 中华人民共和国公安部 .GA 27-2002 文物系统博物馆风险等级和安全防护级别的规定 [S]. 北京：中国标准出版社，2002.
[67] 中华人民共和国文化部 . 中华人民共和国文化部博物馆安全保卫工作规定 [Z].1985.
[68] 中华人民共和国工业和信息化部 .HG/T 5012-2017 实验室废弃化学品安全预处理指南 [S]. 北京：中国标准出版社，2017.
[69] 中华人民共和国国家文物局 .WW/T 0021-2010 陶质彩绘文物病害与图示 [S]. 北京：中国标准出版社，2010.
[70] 中华人民共和国国家文物局 .WW/T 0022-2010 陶质彩绘文物保护修复方案编写规范 [S]. 北京：中国标准出版社，2010.
[71] 中华人民共和国国家文物局 .WW/T 0023-2010 陶质彩绘文物保护修复档案记录规范 [S]. 北京：中国标准出版社，2010.

[72] 中华人民共和国国家质量监督检验检疫总局，中国国家标准化管理委员会 .GB/T 30239-2013 陶质文物彩绘保护修复技术要求 [S]. 北京：中国标准出版社，2013.
[73] 中华人民共和国国家文物局 .WW/T 0056-2014 可移动文物病害评估技术规程陶质文物 [S]. 北京：中国标准出版社，2014.
[74] 中华人民共和国国家文物局 .WW/T 0057-2014 可移动文物病害评估技术规程 瓷器类文物 [S]. 北京：中国标准出版社，2014.

后　记

从业 30 多年来，一直想把文物修复的一些心得体会传授给年轻的学子们，借此教材编写机缘，得以分享。文物修复是一门手艺，更是一门艺术。心中的天马行空最后落在笔尖，通过造型色彩还原先人们想要表达的思想与情怀，也完成我们作为修复师对古人的追思与对话……随着时间的演变与推进，本教材更新着修复材料、方法与技术手段，力争在与国际接轨的过程中突出中国特有的古陶瓷修复特色。

在此感谢上海博物馆多年来对我的培养，我由此得以在工作中不断追求卓越、提高专业能力；感谢金华市博物馆的鼎力支持与合作，为本教材添砖加瓦；感谢徒弟徐思琦严谨的图文编排工作；感谢审稿专家和编辑团队提出的宝贵意见和建议；感谢为教材提供专业资料和图片的良师益友，使内容更加准确和直观。我们秉承“择一事，终一生”的信念。心中的那份热爱，加之大家的共同努力和支持，这一切推动着我们在文物修复事业上稳步前行。

图书在版编目（CIP）数据

古陶瓷保护与修复基础 / 杨蕴，张力程，张亚旭著. -- 上海 : 上海人民美术出版社，2024.8
文物保护与修复专业系列教材
ISBN 978-7-5586-2904-4

Ⅰ. ①古… Ⅱ. ①杨… ②张… ③张… Ⅲ. ①古代陶瓷－器物修复－中国－教材 Ⅳ. ①G264.3②K876.3

中国国家版本馆CIP数据核字(2024)第040583号

古陶瓷保护与修复基础

出 品 人：侯培东
总 主 编：季崇建
著　　者：杨　蕴　张力程　张亚旭
责任编辑：张乃雍
特约编辑：张　璟
排版制作：上海商务数码图像技术有限公司
技术编辑：齐秀宁
出版发行：上海人民美術出版社
地　　址：上海市闵行区号景路159弄A座7F　邮编：201101
印　　刷：上海丽佳制版印刷有限公司
开　　本：720×1000　16开　13印张
版　　次：2024年8月第1版
印　　次：2024年8月第1次
书　　号：ISBN 978-7-5586-2904-4
定　　价：88.00元

清洗设备操作示范

化学试剂介绍

黏结剂环氧树脂调配示范

石膏补配法

弹拨法

喷绘法